C=O
NH2
CH3-CH2-CH2-CH3
CH3-COOH
NO2
2Al(OH)3 → Al2O3 + 3H2O
HN
N
CN
CN
CH3C
NH2

C=O
NH2
CH3-CH2-CH2-CH3
CH3-COOH
NO2
2Al(OH)3→Al2O3+3H2O
R1
HN
N
CN
CN
R2
H
C
CH3C=O
NH2

# 인체와 동물의 비밀

대한과학진흥회 엮음

스완미디어
SWAN MEDIA

# 책 머리에

오늘날 우리들은 고도로 발달된 과학 문명의 혜택 속에 살고 있습니다.

우리의 선진 조국 창조를 위해 무엇보다 중요한 것이 과학기술의 개발입니다. 특히 자원이 부족한 우리나라에서 가꾸어야 할 유일한 자원은 과학 기술로 무장한 풍부한 인력 자원입니다.

대한 과학 진흥회에서는 배우는 학생들을 위해 사물을 깊이 관찰하는 습관과 합리적이고 창의적인 과학적 사고를 심어 주기 위한 방법의 하나로 과학 문고를 엮어 내고 있습니다.

과학 문고를 펴냄에 있어서 딱딱한 과학지식을 그림을 곁들여 쉽고 재미있게 이야기로 풀어 써서 학생들이 스스로 원리를 발견하고 재미를 느끼게 함으로써 과학의 여러 분야에 대하여 흥미를 갖고 접근할 수 있도록 하였습니다.

이 책과 더불어 많은 학생들이 과학에 깊은 관심을 갖고 탐구심과 창의력을 기르며 과학을 생활화 할 줄 아는 사람이 되는데 많은 도움이 되었으면 하고 바라는 마음 간절합니다.

기획편찬 **대한과학진흥회**

# 차례

# 우리 몸의 비밀

이 지구에는 80만 종류 이상의 동물이 살고 있습니다. 그러면 그 많은 종류의 동물 가운데에서 가장 발달하고, 가장 아름답고, 가장 신비한 동물은 무엇일까요?

바로 사람입니다.

사람도 동물의 종류에 속하기 때문이지요. 그러나 사람은 생각하고, 말하고, 글을 쓰며 창조하는 동물입니다. 또한 몸으로는 많은 육체적인 일을 해 낼 수 있습니다.

사람의 몸 생김새를 자세히 살펴보면 이 지구 위에서 살아가기에 가장 알맞은 생김새로 발달되어 온 것을 알 수 있습니다.

여러분도 거울 속을 들여다보며 눈썹은 왜 돋아나 있는지, 눈은 왜 계속 깜박거리는지 궁금하게 생각한 적이 한 번쯤은 있었을 것입니다.

그러면 지금부터 우리 몸의 생김새에 대하여 궁금한 점들을 알아보기로 할까요?

우리의 몸을 살펴보면 중요한 곳에는 그것을 지켜 주는 보호 장치가 잘 되어 있는 것을 알 수 있습니다.

우선 머리를 보면, 느끼고 기억하고 생각하는 힘을 가진 뇌는 단단한 머리뼈로 잘 보호되고 있는 것을 알 수 있습니다.

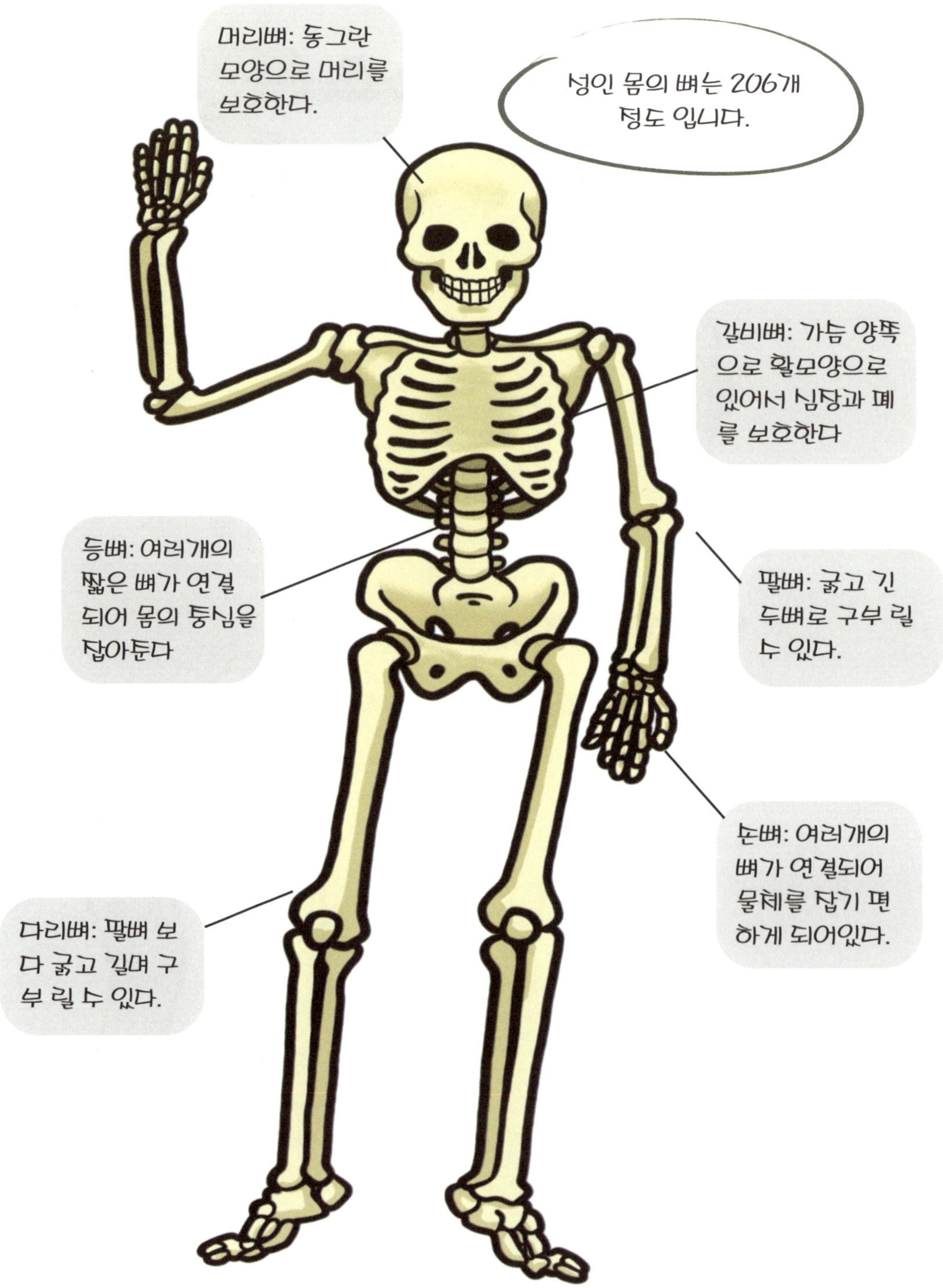
머리뼈: 동그란 모양으로 머리를 보호한다.
성인 몸의 뼈는 206개 정도 입니다.
갈비뼈: 가슴 양쪽으로 활모양으로 있어서 심장과 폐를 보호한다
등뼈: 여러개의 짧은 뼈가 연결되어 몸의 퉁심을 잡아둔다
팔뼈: 굵고 긴 두뼈로 구부 릴 수 있다.
손뼈: 여러개의 뼈가 연결되어 물체를 잡기 편하게 되어있다.
다리뼈: 팔뼈 보다 굵고 길며 구부 릴 수 있다.

머리뼈는 넓적한 뼈 여러 개가 서로 단단히 붙어 있어서 어떠한 충격으로부터도 골을 잘 보호합니다.

그러면 사람의 몸에는 모두 몇 개의 뼈가 있을까요?

한 사람의 몸 속에는 자그만치 200개가 넘는 뼈가 들어 있습니다.

우리의 몸 속에 있는 이 뼈는 여러 가지 모양으로 몸 안의 여러 중요한 기관들을 보호하고 있습니다.

이것을 모양대로 나누어 보면 넓적한 뼈, 긴 뼈, 짧은 뼈 등으로 생각할 수 있습니다.

예를 들어 손가락에 있는 뼈를 살펴보면, 한 손에 손가락은 5개 이지만, 그 손가락은 14개의 짧은 뼈가 뼈마디로 이어져 있는 것을 알 수 있습니다.

등뼈는 등에 있는 길다란 뼈로서 우리의 몸을 받쳐 주는 역활을 합니다.

우리 몸의 기둥이라고 할 수 있는 등뼈는 28개의 짧은 뼈가 세로로 연이어 포개져 있습니다. 그렇지만 길다란 뼈라고 해서 꼭 막대기 같은 것이 하나의 뼈로 된 것은 아닙니다.

이것은 몸을 오른쪽, 왼쪽, 앞 뒤로 자유로이 움직이기 위해서입니다. 만일 등뼈가 1개의 통뼈로 되어 있다면 몸을 부드럽게, 자유로이 움직일 수 없을 것입니다.

등뼈는 척추라고 불리우는 작은 뼈가 연골로 서로 연결되어 길게 되어 있는 것입니다.

이 등뼈의 가장 중요한 역할은 등뼈 안에 있는 척수를 보호하는 일입니다.

척수는 한 줄의 관처럼 생긴 것으로 등뼈 안에 들어 있는 관 속에 있습니다. 또한 연수에 의하여 뇌와 연결되어 있습니다.

이 척수는 신경 세포가 모여 있는 회백질의 부분과 신경 섬유가 통해 있는 백질의 부분으로 이루어져 있습니다.

사람에게는 서른한 쌍의 신경 섬유가 있는데, 이 신경 섬유는 뇌와 척수의 신경 세포를 연결하고 있습니다.

이 척수 신경은 척수와 연결되는 곳에 둘로 나누어져 있습니다. 그래서 한 쌍의 신경 섬유는 오른쪽 왼쪽 합하여 네 개의 신경줄이 척추에서 뻗어나오고 있는 것입니다.

그 가운데 두 줄은 피부와 같은 지각 기관에서 전달되는 감각을 뇌에 전하는 신경이며 나머지 두 줄은 온몸의 힘살에 뇌의 명령을 전달하는 신경입니다.

등뼈 속에 있는 척수는 이와 같은 중요한 역할을 합니다. 그렇기 때문에 척수가 상하게 되면 몸의 어떤 부분의 근육이 마비되어 제대로 움직이지 않게 됩니다.

등뼈는 이처럼 우리 몸의 중요한 보호 역할을 하는 것입니다.

뼈처럼 단단한 것만이 우리의 몸을 보호하는 것은 아닙니다.

눈썹, 속눈썹, 눈커풀 등은 눈을 보호하는 구실을 합니

다. 무엇을 알기 위한 방법으로 우리 인간들은 눈을 가장 많이 사용하고 있습니다.

그런데 사람의 몸을 살펴보면 중요한 곳에는 그것을 지켜 주는 장치가 무엇보다 잘 되어 있습니다.

갑자기 눈앞으로 공이 날아온다거나 모래가 날리게 되면 우리는 얼른 눈을 감습니다. 눈을 보호하자는 순간적인 행동이지요.

눈썹은 위에서 떨어지는 먼지를 막아줍니다.

눈에 보이지 않을 정도의 작은 먼지는 속눈썹이 막아줍니다. 또한 눈에 빗물, 땀, 먼지 같은 것들이 들어가는 것을 막아줍니다.

그러면 이토록 소중하게 보호되는 눈은 어떻게 해서 물체를 볼 수 있는 것일까요?

우리가 눈으로 모든 것을 볼 수 있는 것은 망막이라고 하

**눈의 구조**

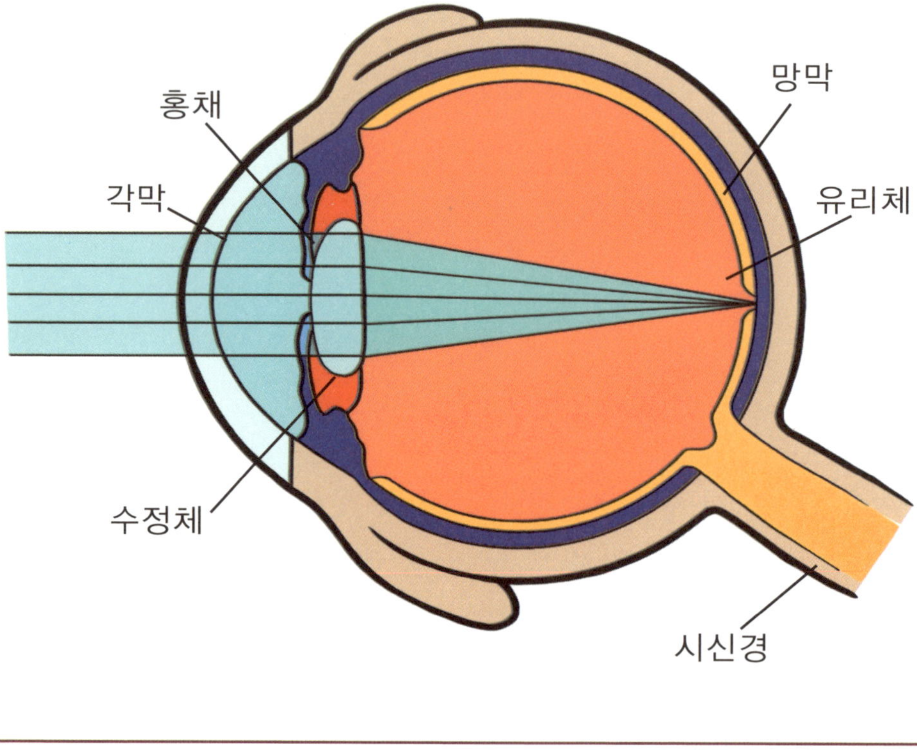

는 사진틀의 건판과 같은 것이 있기 때문입니다.

카메라는 사람의 눈을 보고 그것을 흉내내어 만든 것입니다.

우리 눈의 한 가운데에는 새까맣고 둥근 부분이 있는데 이것을 '조리개' 라고 합니다. 조리개는 카메라의 조리개와 같이 눈 속에 빛이 들어가는 양을 조절합니다.

어두운 곳에 있을 때에는 빛이 많이 들어가도록 넓게 열리고, 밝은 곳에 있을 때에는 빛이 너무 많이 들어가지 않도록 오므라듭니다.

이처럼 검은 자위가 열어 준 구멍을 눈동자라고 합니다.

빛이 이 눈동자를 통해서 눈 속으로 들어가면 거기에는 '수정체' 라고 하는 볼록렌즈가 있습니다. 볼록렌즈는 빛을 모두 한 점으로 모으는 성질이 있습니다.

그래서 수정체는 밖으로부터 들어온 빛을 꺾어서 한 점에 모읍니다.

이 빛이 모이는 점을 '망막' 이라고 하는데, 마치 카메라의 필름과 같은 곳입니다. 이 망막에 빛이 모이면 그곳에 있는 신경 세포로 말미암아 물체의 모양과 빛깔을 알게 되는 것입니다.

마치 카메라의 렌즈를 통해 들어온 빛이 필름에 모이면 사진이 찍히는 현상과 같은 것이지요.

그러면 어두운 곳에서는 왜 잘 볼 수 없을까요? 그 까닭을 알아봅시다.

망막에는 두 가지의 신경 세포가
있어서, 밝은 곳과 어두운 곳에서
작용하는 것이 각각 다릅니다.

망막에는 두 가지의 신경 세포가 있어서, 밝은 곳과 어두운 곳에서 작용하는 것이 각각 다릅니다.

신경 세포에는 낮과 같이 밝은 곳에서만 소용되는 것과 밤같이 어두컴컴한 곳에서만 물건을 볼 수 있는 것의 두 종류가 있습니다.

밝은 곳에서만 소용되는 것을 원뿔몸이라고 하고, 어두운 곳에서만 볼 수 있는 것을 막대꼴몸이라고 부릅니다.

그런데 원뿔몸은 물체의 모양을 알아보는 이외에 빛깔도 분간할 수 있지만, 막대꼴몸은 빛깔을 알아내는 힘이 없습니다.

어두운 곳에서는 아무리 화려한 옷을 입은 사람이 옆에 있더라도 그 빛깔을 알아낼 수 없는 것은 이 때문입니다.

이러한 두 가지의 신경 세포가 망막에 퍼져 있는 상태는 동물의 종류에 따라서 다릅니다.

사람에게는 어두운 곳에서도 물체를 볼 수 있는 막대꼴몸이 원뿔몸보다 18배나 더 많다고 합니다.

밤눈이 어두운 새들의 눈에는 원뿔몸만 있고 막대꼴몸이 없습니다.

그러나 반대로 밤에만 볼 수 있는 올빼미, 박쥐, 같은 것들은 컴컴한 곳에서 물체를 볼 수 있는 막대꼴몸은 매우 발달하였으나, 밝은 데에서 물체를 볼 수 있는 원뿔몸은 없습니다.

그래서 낮에는 숲 속 같은 어두운 곳에 숨어 있다가 밤에만 나오게 되는 것입니다.

그러면 어째서 사람에게도 밤 눈이 어두운 사람이 있는 것일까요?

이것은 몸 안에 비타민 A라는 영양소가 부족하여서 막대꼴몸의 신경 세포가 힘이 약해진 까닭입니다.

밤눈이 어두운 사람에게는 비타민 A를 많이 먹게 하면 곧 상태가 좋아집니다.

밤눈이 어두운 사람이 아니더라도 밝은 곳에 있다가 갑자기 어두운 데로 들어가면 처음에는 아무 것도 보이지 않다가 차차로 조금씩 보이게 되는 것을 알 수 있습니다.

이 현상은, 처음에는 막대꼴몸에 들어있는 시홍이라는 색소가 갑자기 광선을 받지 못하게 되면 흰자질과 비타민 A로 나누어 지면서 색소가 변해서 막대꼴몸이 작용을 못 하게 되기 때문입니다.

그러나 한참 그대로 있으면 나뉘어졌던 흰자질과 비타민 A는 다시 또 합해져서 시홍을 만들기 때문에 막대꼴몸의 작용이 회복되어 어두운 곳에서도 물체를 분간할 수 있게 되는 것입니다.

한편, 이렇게 단단한 뼈로 잘 보호된 머리나 이마 등의 부위가 딱딱한 물체에 부딪치게 될 때가 있습니다.

그러면 그 부딪친 곳은 금세 부풀어 올라 혹이 생겨납니다.

이 혹도 우리 몸의 일시적인 보호 작용이라면 여러분은

놀라시겠지요?

머리나 이마가 딱딱한 곳에 부딪치면 피는 안 나오지만 살갗 밑에 상처가 생기게 됩니다. 그러면 그 상처난 곳을 고치기 위하여 즉시 몸 속에 있는 물 같은 약이 몰려옵니다.

그래서 부딪친 곳은 곧장 부풀어올라서 혹 같이 되는 것이지요.

이 혹은 살갗 밑의 상처가 다 낫게 되면 사라져버리게 됩니다.

우리의 몸을 자세히 보면 온통 털로 싸여 있는 것을 볼 수 있습니다.

사람도 옛날에는 다른 짐승들처럼 온몸에 털이 잔뜩 나 있었습니다.

사람이 아직 짐승들과 같은 생활을 할 때에는 털은 상처를 막아 주기도 하고, 추위나 뜨거운 햇빛으로부터 몸을 보호하는 데에 필요했을 것입니다.

그러나 사람의 머리가 점점 깨이면서 옷을 입을 줄 알게 되고, 추우면 불을 필 줄 알게 되었습니다.

따라서 털은 별로 사람에게 소용이 없게 되었습니다.

그래서 지금은 중요한 부분을 지키기 위해서 그 부분에만 털이 남아 있고 다른 부분의 털은 거의 보이지 않을 정도가 되어 버렸습니다.

머리카락이나 수염 같은 것이 그러한 것들입니다.

## 모낭의 구조

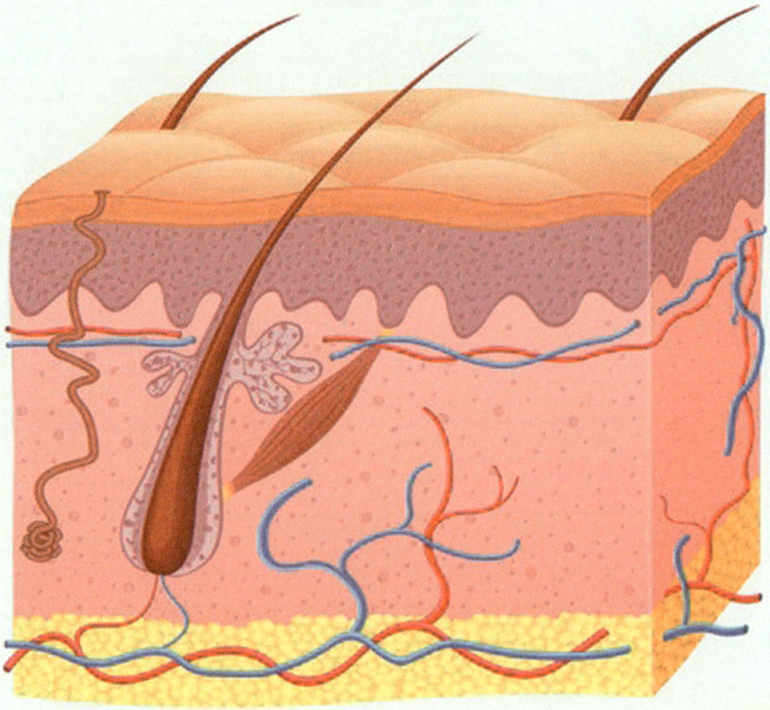

머리카락은 한번 뽑혀 나가더라도 그 자리에는 또 다시 새로운 머리카락이 계속 나옵니다. 몇 번을 뽑아도 역시 자꾸 납니다. 뽑힌 머리카락의 아래쪽을 보면 살점 같은 것이 묻어 있습니다. 그래서 우리는 머리카락이 뿌리째 뽑혔기 때문에 다시는 나지 않는 것으로 생각합니다.

물론 식물 같으면 뿌리째 뽑힌 이상 절대로 다시 나지는 않을 것입니다.

그러나 머리카락은 식물과 다릅니다. 머리카락은 가늘고 긴 구멍 속에 나 있는데 머리카락을 만들어 내는 부분은 살점이 아니라 바로 이 구멍입니다.

그래서 제아무리 살점까지 붙어서 뽑혔다 하더라도 공장인 구멍이 남아 있는 이상 다시 나오게 됩니다.

그런데 사람이 나이가 들면 왜 머리카락이나 수염이 하얗게 변하는 것일까요?

우리의 머리카락이나 수염을 현미경으로 보면 유리같이 투명한 대롱으로 되어 있는 것을 알 수 있습니다. 투명하다는 것은 유리나 물처럼 속이 환히 들여다보이는 것을 말하는 것입니다.

그런데, 그 속에 멜라닌이라고 하는 새까만 색소가 들어 있기 때문에 머리카락이나 수염이 새까만 것입니다. 그래서 할머니와 할아버지도 젊으셨을 때에는 머리카락이 까맸었습니다.

젊은 때에는 몸의 모든 기관이 싱싱하고 활동을 활발하게 하기 때문에 이 멜라닌도 많이 만들고, 또 그 멜라닌 색소가 머리카락이나 수염 속으로 활발하게 들어가기 때문입니다.

그러나 나이가 드시게 되면 몸의 모든 기관들이 늙고 힘이 없어져서 멜라닌 색소를 많이 만들어 내지 못하게 됩니다.

또 만든다 하더라도 그것을 머리카락이나 수염 속으로 잘 밀어 넣지 못합니다. 그래서 머리카락이나 수염은 투명한 빈 대롱만이 남게 됩니다. 그 속에 들어 있는 것은 멜라

닌 색소 대신 공기뿐입니다.

나이가 들면 머리카락이나 수염이 희어지는 것은 이러한 이유 때문입니다.

그런데 머리카락이 검은색이 아닌, 금빛이나 갈색인 사람들이 있습니다.

우리는 보통 이런 사람들을 서양인 또는 백인이라고 합니다. 대개 살갗이 흰 백인들의 머리카락이 금빛입니다.

사람들의 살갗을 보면 아주 작지만 검은 점들이 깔려 있는 것을 알 수 있습니다.

이런 점이 많이 뭉치게 되면 주근깨나 검은 점이 되는 것입니다.

세계에 흩어져 사는 사람들을 살갗의 빛깔로 나누어 보면 한국 사람처럼 누런 빛을 띤 황인종, 흑인처럼 검은 살갗을 가진 흑인종, 유럽이나 미국 사람들처럼 흰 살갗을 가진 백인종으로 나눌 수 있습니다.

멜라닌 색소를 많이 가지고 있는 사람들이 아시아와 아프리카에 사는 황인종이나 흑인종입니다.

검은 빛의 멜라닌 색소가 많기 때문에 머리카락이 검은 것입니다.

백인들은 검은 멜라닌 색소가 적어 살갗이 희게 보이며, 머리카락도 흐린 색으로 나타나게 되므로 갈색이나 금빛으로 되는 것입니다.

그러면 살갗이 검은 흑인들은 왜 그렇게 검은 것일까요?

흑인들은 아프리카가 고향입니다. 아프리카는 태양 빛을 강하게 받는 적도를 안고 있습니다.

그런데 강한 햇빛에는 살갗을 타게 하는 빛도 섞여 있습니다. 자외선이라는 빛입니다.

자외선에 쬐면 피부 아래에 멜라닌이라는 색소가 많이 생겨납니다.

이 멜라닌은 강한 자외선 아래에서 몸을 보호하는 구실을 합니다.

멜라닌 색소는 검습니다.

흑인들도 옛날에는 살갗이 흰색의 아기로 태어났다고 합니다. 그런데 햇빛이 강한 아프리카에 수십만 년 동안 살아 내려오는 동안에 변화를 가져와서 지금에 와서는 태어날때부터 살갗이 검은 사람이 된 것입니다.

그러므로 살갗 빛만 가지고, 또 그 몸집만으로서 뒤떨어진 인종이라든가 우수한 인종이라고 생각하는 것은 그릇된 생각입니다.

지구 위에 살고 있는 여러 인종은 그들이 살고 있는 토지와 환경에 가장 적합한 살갗이나 몸집을 갖고 있는 것이기 때문입니다.

그런데 이러한 사람의 체온은 어떻게 유지되고 있는 것일까요?

사람의 몸 안에서는 당분이 타서 열을 냅니다. 그러나 당분이 몸 안에서 탄다고 해도 나무나 석탄이 불꽃을 올리며 타는 것과는 다릅니다.

당분을 이루고 있는 탄소나 수소가 몸 안에서 산소와 합칠 때는 천천히 그리고 조용히 합쳐집니다. 또한 열은 나지만 불꽃 같은 것은 없습니다.

사람의 체온은 당분을 이루고 있는 탄소나 수소가 산소와 합쳐져서 탄산가스나 물이 될 때 생기는 열로 지탱해 나가고 있습니다.

날씨가 추울 때 우리의 몸이
움츠러드는 것은 추위로부터 몸을
지키기 위한 작용인 것입니다.

몸을 비비거나 뛰거나 달리면 피가 잘 돌고 산소가 많이 들어가게 됩니다.

그래서 많은 당분이 산소와 더불어 탄산가스와 물로 바뀌고 열도 많이 나게 됩니다. 그래서 우리의 몸은 더워지는 것입니다

그렇다면 체온은 어째서 항상 비슷한 것일까요? 그것은 몸 안에 열이 많아지면 땀이 나거나 하여 열을 몸 밖으로 쫓아버려 체온이 일정하게 유지되는 것입니다.

건강할 때의 우리들의 몸은 언제나 온도가 같습니다. 그러나 무더울 때는 몸 속의 열이 높아지게 됩니다.

그러면 살갗에서는 땀이 많이 흐르게 되어 체온을 식혀 줍니다.

이와 반대로 날씨가 추워지게 되면 몸 속에 있는 열이 점점 빠져나가 체온이 떨어지게 됩니다. 그러면 살갗 밑에 있는 힘살이 오므라들어서, 땀구멍이나 털구멍을 꼭 여며 버립니다. 그래서 몸 속에 있는 열이 몸 밖으로 빠져 나가지 않게 되는 것입니다.

날씨가 추울 때 우리의 몸이 움츠러드는 것은 추위로부터 몸을 지키기 위한 작용인 것입니다.

이러한 작용의 하나로 피부에 소름이 끼치는 것을 들 수 있습니다. 소름이 끼친다는 것은 털이 돋는 부분에 있는 입모근이라고 불리우는 근육이 움츠러드는 현상을 말합니다.

짐승들은 이와 같이 하여 온몸의 털을 일으켜 세웁니다. 일부러 털을 세우는 것이 아니라 추워지면 저절로 그러한 현상이 나타나도록 되어 있는 것입니다.

털이 곧바로 서게 되면 털과 털 사이에는 공기가 많이 들어가게 됩니다. 그리고 털과 털 사이에 들어있는 공기는 따뜻한 기운을 간직한 채 남아 있습니다. 그 공기가 많으면 많을수록 몸은 따뜻해지는 것입니다.

사람의 피부에 소름이 끼치는 것도 이와 같이 따뜻해진 공기를 많이 간직하기 위하여 털을 곧바로 세우는 현상입니다. 이때 입모근이 움츠러들기 때문에 살갗은 좁쌀 모양으로 변하게 되는데, 이 좁쌀 모양으로 돋아난 살갗이 바로 소름이라고 부르는 것입니다.

소름이 돋아서 털을 곧바르게 세우게 되면 몸을 따뜻하게 보호해 줄 수가 있기 때문입니다.

그러나 사람처럼 털이 짧은 살갗에 소름이 돋으면 몸을 따뜻하게 할 수 있는 것일까요?

물론 그렇습니다. 이때 털구멍이 줄어들기 때문에 몸에서 발산되는 열이 그만큼 줄어들기 때문이지요.

또한 몸의 열을 빼앗아 가는 차가운 공기에 접촉하는 살갗의 면적이 좁아지기 때문에 그만큼 체온을 내려가게 하지 않는다고도 할 수 있습니다.

이와 반대로 땀이 흐르는 것은 체온을 밖으로 내보내기 위한 작용입니다.

날씨가 매우 덥다거나, 심한 운동을 하거나 힘든 일을 하게 되면 열이 굉장히 많이 나서 몸의 온도가 계속 높아집니다.

그러나 사람의 몸은 보통 섭씨 36℃도에서 37℃도의 온도를 유지하여야만 우리 몸의 여러 기관이 활동을 제대로 하게 됩니다.

이보다 더 낮아진다거나 높아지면 제대로 활동을 못하게 됩니다.

또한 42℃도를 넘게 되면 사람은 죽고맙니다. 그래서 몸의 온도가 이렇게 높아질 때에는 그 열을 식혀야 합니다.

땀은 이 열을 식히기 위해 나오는 것입니다. 땀이 증발할 때 살갗의 열을 가지고 가기 때문입니다.

그러나 땀은 더울 때 뿐만이 아니라 평상시에도 우리가 모르는 사이에 조금씩 나오고 있답니다.

그러면 땀은 어디서 나오는 것일까요?

우리들의 살갗 속에는 땀샘이라고 하는 가느다란 대롱이 있습니다.

또한 살갗 속의 그 끝부분은 털실을 둥그렇게 뭉친 공과 같이 되어 있어, 그 주위를 극히 가느다란 혈관이 싸고 있습니다.

땀샘은 그것을 둘러싸고 있는 가느다란 혈관에서 수분을 빨아내어 살갗 밖으로 내보냅니다. 바로 그것이 땀입니다.

온도가 높아지거나 운동을 해서 몸이 뜨거워지거나 하면, 피의 순환이 빨라지므로 땀샘은 피에서 계속 수분을 흡수하여 땀으로 만들어 몸 밖으로 내보내게 됩니다.

땀은 증발할 때 몸에 있는 열을 빼앗아가므로 체온이 내려가게 되는 것입니다.

개의 살갗에는 땀샘이 없습니다. 그래서 개는 몸이 뜨거워지면 헐떡거리면서 긴 혀를 끄집어내어 혓바닥으로부터 수분을 증발시켜 체온을 낮추고 있는 것입니다.

사람들의 몸에는 땀을 뿜어내는 이러한 땀구멍이 많이

있습니다.

그러나 땀이 이 구멍을 통해 지나치게 많이 나오게 되면, 조절하는 힘을 잃게 되어서 땀구멍이 막히게 됩니다.

그대로 두지 않고 가렵다고 긁게 되면 여기에 세균이나 먼지가 들어가게 되어 종기를 일으키게 되는데 이것을 땀띠라고 합니다.

땀띠가 생기지 않도록 하려면 항상 몸을 깨끗이 닦고 건조하게 하여 세균과 먼지가 붙지 않도록 해야 합니다.

또한 함부로 땀이 흐르지 않게 하기 위해서는 되도록 시원한 곳에 있는 것이 좋겠습니다.

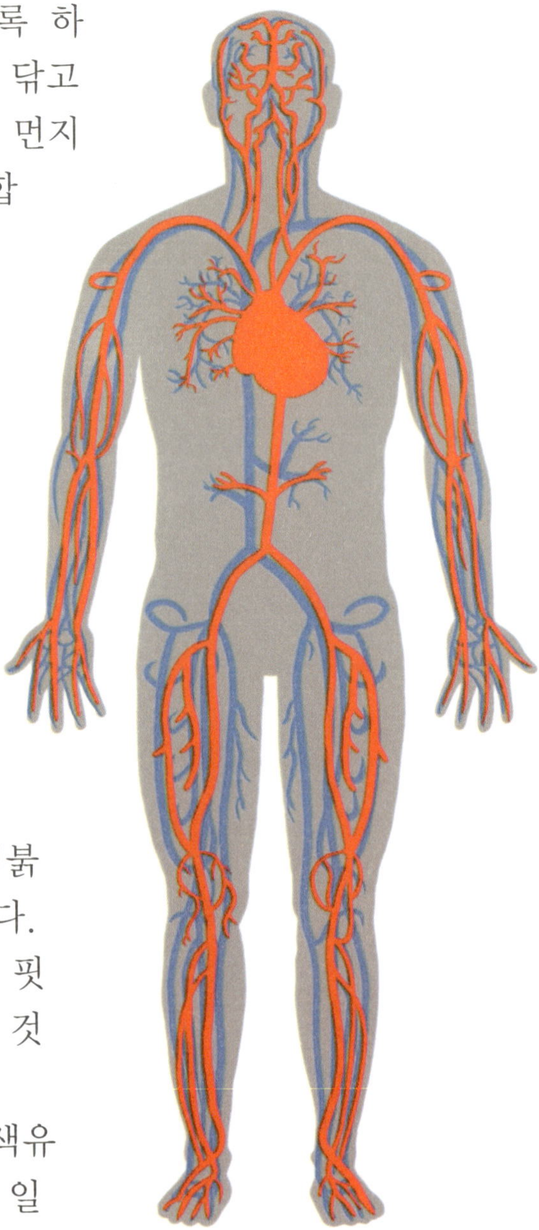

우리 몸의 살갗을 보면 파란 핏줄이 보이는 것을 알 수 있습니다.

이 핏줄을 정맥이라고 하는데 이 안에는 검붉은 피가 흐르고 있습니다.

그러면 피는 빨간데 핏줄은 왜 푸르게 보이는 것일까요?

선글라스를 끼거나, 색유리를 통해서 경치를 본 일이 있는지 생각해 봅시다.

이처럼 색을 지닌 살갗을 통해서 핏줄을 보기 때문에 우리 몸의 정맥은 푸르게 보이는 것이랍니다.

우리들의 몸에는 구석구석까지 피를 나르는 혈관이라고 하는 대롱이 퍼져 있습니다.

상처를 입어 이 혈관이 깨어지면, 거기에서 피가 흘러나오게 됩니다.

코피가 터지는 것도 코 속의 혈관이 깨어졌을 때에 나오는 것이지요.

피는 혈관 속에 있을 때에는 물과 같은 액체이지만, 혈관에서 밖으로 일단 나오게 되면 곧 굳어져서 상처를 보호합니다.

이것은 많은 피가 밖으로 흘러나오지 못하도록 할 뿐만 아니라, 상처 입은 곳으로 나쁜 병균이 침입하지 못하도록 하기 위한 보호작용입니다.

핏줄에는 핏줄을 넓혔다 움츠렸다 하는 신경이 뇌에서부터 나와 있습니다.

우리 살갗의 바로 밑에는 많은 핏줄이 퍼져 있는데 얼굴도 역시 마찬가지입니다.

우리가 부끄러울 때에는 얼굴이 빨갛게 되고, 무서울 때에는 얼굴이 파랗게 질리는 것도 이 얼굴 살갗 밑의 핏줄이 그렇게 보이도록 하는 것입니다.

핏줄이 넓어지면 피가 많이 흐르게 됩니다. 반대로 핏줄이 움츠러들면 피가 조금씩 흐르게 됩니다.

사람이 무서울 때 얼굴이 파랗게 되는 것은 이 핏줄들이 움츠러들어서 그 핏줄로 지나가는 피의 양이 적어지기 때문입니다.

피의 빛깔은 빨갛기 때문에 보통 때에는 얼굴이 불그스름하지만 핏줄이 움츠러들어서 피가 많이 흐르지 못하게 되면 새파란 핏줄의 빛깔이 드러나 보이니까 얼굴색이 파래지는 것이지요.

반대로 얼굴이 빨개지는 것은 핏줄이 넓게 늘어나서 많은 피가 흐르기 때문입니다.

피가 많이 흐르게 되면 핏줄의 파란 빛깔보다 피의 빨간 빛깔이 더 잘 보이게 되는 때문이지요.

그것은 마음의 움직임에 따라 신경이 하는 작용인데, 그때 그때 기분의 좋고 나쁨에 따라서 움직이게 됩니다.

보통 화가 나거나 무섭거나 기분이 언짢을 때에는 살갗

밑의 핏줄이 넓어져서 얼굴색이 환해집니다.

또한 무서울 때, 얼굴이나 양 겨드랑이와 손바닥에 땀이 나는 것도 신경과 핏줄의 작용 때문이라고 합니다.

한편, 사람 몸의 가장 바깥쪽을 싸서 우리의 몸을 보호하고 있는 것은 살갗입니다.

살갗은 몇 가지의 중요한 역할을 하고 있습니다.

첫째, 살갗은 우리의 몸 속에 있는 것이 상하지 않도록 지키고 있습니다.

둘째, 살갗은 몸 속에서 생겨난 불필요한 찌꺼기들을 땀과 함께 몸 밖으로 내보냅니다.

셋째, 살갗은 몸의 온도를 조절합니다.

추울 때에는 한껏 움츠러들어서 몸 속의 열이 밖으로 나오지 못하도록 하기도 하고, 열이 많아지거나 더울 때면 땀을 흘려서 열을 식히는 일을 합니다.

이렇게 하여 살갗은 사람의 몸이 항상 일정한 온도를 지닐 수 있도록 하는 구실을 합니다.

넷째, 살갗으로 공기를 호흡합니다.

사람은 입이나 코로써 허파에 공기를 빨아들여 호흡하고 있는데, 살갗으로도 공기를 호흡하고 있습니다.

그렇기 때문에 만약 살갗의 2분의 1이상되는 부분이 화상을 입게 되면 사람은 죽게 됩니다.

살갗으로 호흡을 하지 못하게 될 뿐만 아니라 화상으로 상한 살갗에서 독이 되는 성분이 만들어지기 때문입니다.

그러나 가볍게 화상을 입었다거나 다친 살갗은 밑에서부터 다시 새로운 살갗이 생기게 됩니다.

여름철에 해수욕장에 가서 급작스럽게 살갗을 햇볕에 쬐이면 그 부분이 벌겋게 되고 따가워지는 것을 느낀 적이 있었을 것입니다. 심할 경우에는 물집이 생기기도 합니다.

이것은 가볍게 불에 덴 상태와 같은 것입니다. 바닷가의 강한 자외선 때문에 살갗이 상처를 입은 것입니다.

불에 닿으면 우리 살갗이나 힘살의 짜임이 흐트러지게 됩니다.

그런데 우리 몸에는 다친 곳을 재빨리 고치려고 하는 자연치유력이 있습니다.

그 작용에 의하여 상처를 입은 살갗 쪽으로 림프액이 재빨리 여기저기서 몰려와서 다친 살갗을 보호하는 물집을 만듭니다. 이것이 덴 다음에 생기는 물집입니다. 물집 안의 림프액이 다친 곳을 고치는 역할을 하는 것이지요.

그렇다면, 다친 곳에 잡힌 물집을 터트리는 것은 좋지 않겠지요? 오히려 물집의 살갗이 마르지 않도록 바세린 거즈를 붙이고 붕대로 감아 두는 것이 훨씬 좋은 방법입니다.

얼마 동안 있다가 새로운 살갗이 물집 밑에 생기게 되면 그때는 소독된 바늘로 물집을 터뜨려도 상처가 생기지 않습니다. 그 동안 림프액이 작용했기 때문이지요.

햇볕에 탄 살갗이 벗겨지는 것은 이 상처를 입은 살갗 밑에서 새 살갗이 생겨났기 때문입니다.

우리가 감기에 걸렸을 때 콧물이 줄줄 흐르는 것도 살갗에 상처가 났을 때 물집이 잡히는 것과 같은 치료 작용이

라면 믿어지지 않겠지요?

콧물은 보통 때에도 항상 조금씩은 계속 나옵니다.

우리의 콧구멍 속에는 털이 잔뜩 나 있는데 이것은 콧구멍 속으로 들어오는 먼지나 세균을 걸러 내기 위해서 나 있는 것입니다.

그러나 이 털만 가지고는 다 막아 내기 어렵기 때문에 끈적끈적한 코가 계속 조금씩 흘러나와 콧구멍 속으로 들어오는 먼지와 균을 잡는 것이지요.

또한 우리의 콧속이나 목구멍 속은 아주 보드랍고 연약한 살갗으로 되어 있기 때문에 차가운 공기나 매운 연기 같은 것이 직접 닿게 되면 살갗을 상하기 쉽습니다.

이것을 막기 위해서 콧물이 나와 그 살갗위를 보호하는 것입니다.

그런데 감기에 걸리게 되면 목구멍이나 콧속의 살갗이 헐어서 상하게 됩니다. 그래서 몸에서는 많은 콧물을 내보내어 그 상한 곳을 씻어 내고 고치려고 하는 것입니다.

그러니까 감기에 걸렸을 때 줄줄 흘러나오는 콧물은 상한 콧속을 치료하기 위한 작용이지요.

콧물이 계속 나오면 우리는 코를 풀게 됩니다. 그래도 계속 나오면 짜증이 나서 우리는 코를 세게 풀게 됩니다.

그런데 코를 세게 풀면 갑자기 귀가 멍해지는 것을 느끼게 됩니다. 이러한 현상을 느끼게 되는 것은 코와 귀가 같은 힘살 대롱으로 이어졌기 때문입니다.

코를 세게 풀면 콧속의 공기가 힘차게 빨려나가게 됩니다. 그때 코에서 귀로 통하는 힘살의 대롱에도 공기가 없어지게 됩니다.

그렇기 때문에 귀청까지 빨려들어서 귀가 멍하게 되는 것입니다.

코를 세게 풀면 귓속의 중요한 기관을 망가뜨리게 될 위험이 있으니 조심해야만 되겠습니다.

코를 풀 때는 한 쪽씩 번갈아 가며 풀면 안전합니다. 한 쪽 힘살의 대롱이 공기와 이어져 있으면 그 쪽으로 공기를 공급받기 때문에 안전합니다. 귀가 멍해지거나 찡하지도 않게 됩니다.

한편, 기침과 재채기도 이와 비슷한 몸의 보호 작용입니다.

코 속에 먼지가 들어가거나 차가운 공기가 지나치게 자극이 되면 재채기는 저절로 나오게 됩니다.

그것은 먼지나 차가운 공기를 몸 속에 들여보내지 않도록 밖으로 내쫓는 작용입니다.

또한 기침은 목구멍과 울대의 울대꼭지가 빨갛게 부풀어 올랐을 때에, 입에서 갑자기 터져나오는 거친 숨울림을 말합니다. 목구멍과 울대에 이물질이 들어 갔을 때, 탄산가스를 밖으로 내뿜을 때에도 이러한 현상은 일어나게 됩니다.

하지만 기침은 목구멍과 울대에 필요 이외의 것이 없을 때에도 나오게 되는데 그것은 목구멍과 울대에 병이 생겼기 때문입니다.

그러면 감기에 걸리게 되면 왜 냄새나 맛을 모르게 될까요?

몸의 상태가 나빠지게 되면 코나 혀의 작용도 약하게 되고, 그 냄새나 맛을 뇌에 알리는 신경이 제대로 작용하지 못하게 되기 때문입니다.

그래서 평상시에 건강 관리를 잘 해야 되겠습니다.

우리들의 몸에서 특히 중요한 역할을 하는 것은 숨 쉬는 기관인 호흡기와, 소화 기관인 소화기입니다.

호흡기와 소화기는 우리들이 살아가는 데에 필요한 것을 몸 속으로 끌어들이는 일을 하고 있습니다.

호흡기는 공기를 빨아들여 산소를 얻고 탄산가스는 내뿜

어 버림으로써 혈액의 움직임을 활발하게 해 줍니다.

소화기는 입에서 항문까지를 통틀어서 말하는 것으로 그 길이가 그 사람의 머리에서부터 허리까지의 길이에 아홉 배 반쯤 된다고 합니다.

입을 통해서 먹은 음식은 이 8미터 정도의 소화기를 돌아가는 동안에 필요한 영양분을 섭취하고 찌꺼기는 똥이 되어 항문으로 내보내게 됩니다.

입으로 들어와서 항문을 통해 나갈 때까지의 걸리는 시간은 그 사람이 먹은 음식의 종류나, 양, 또는 그 사람의 건강 상태에 따라서 다릅니다.

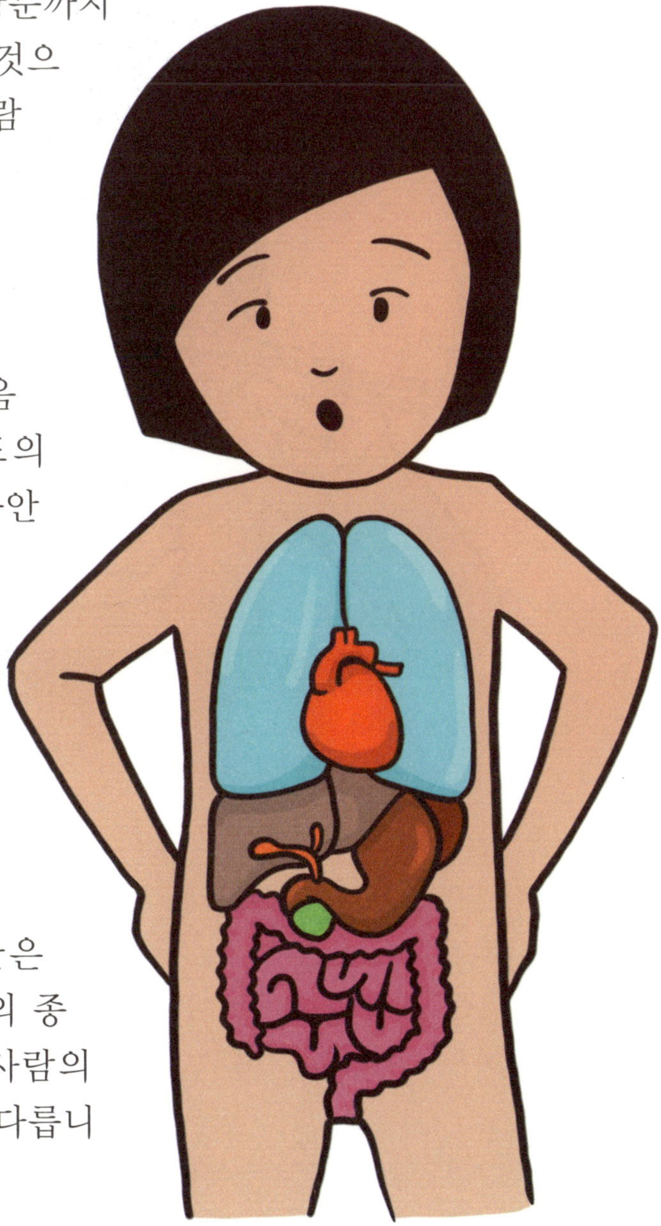

밥이나 빵 등은 비교적 소화되는 시간이 짧고, 고기 종류는 좀더 긴 시간이 걸리게 됩니다. 죽이나 음료수는 훨씬 짧아지겠지요.

그런데 이상한 것은 이러한 음식물이 우리의 위 속으로 들어가도 위에서는 아무런 감각을 느낄 수가 없는 일입니다.

우리가 무엇이든 등이나 피부에 직접 닿게 하면 간지러

움을 느끼게 되거나 가려움을 느낍니다. 그러나 이것을 입에 넣어 위로 들어가면 간지럽거나 가렵지 않습니다.

만일 음식물들이 위로 들어가 항문으로 나올때까지 내장이 계속 근질거린다거나 가렵다면 얼마나 못 견딜 일일까요?

그러나 우리의 입 속이나 위 속은 점막이라고 하는 끈끈한 막으로 둘러싸여 있기 때문에 음식물을 먹어도 그 음식물이 직접 위의 살갗에 닿지 않습니다.

그뿐만 아니라 아프다거나 간지럽다는 것을 느끼는 신경은 위의 안쪽 벽으로부터 조금 떨어져 숨어 있습니다.

그렇기 때문에 음식물이 들어오더라도 그것이 닿는 것을 느낄 수 없지요.

만일에 점막도 없고, 아픈 것, 가려운 것 등을 느끼는 신경이 모두 위나 내장의 안 벽까지 나와 있다면 우리는 얼마나 고통스러울까요?

이렇듯 우리의 몸은 안전하고 신비하게 되어 있답니다.

한편 소화기에서 음식물을 소화시킬 때에 방귀가 나오기도 합니다.

그러면 방귀는 왜 나오는 것일까요?

우리들의 창자 속에는 대장균이나 그 무리의 작은 미생물이 많이 살고 있습니다.

이 미생물은 창자 속에 있는 먹이를 먹고 사는데, 이때 음식물을 물이나 탄산가스 등으로 녹여줍니다.

그리고 작은 창자(소장)에서 소화되지 않아서 흡수되지 않은 찌꺼기는 대장인 큰창자(대장)로 옮겨져 가게 됩니다. 이 찌꺼기는 창자에서 사는 미생물들에게 좋은 음식물입니다. 그래서 오랫동안 큰창자 속에 찌꺼기가 모이게 되면 미생물들은 이 찌꺼기를 열심히 녹이기 시작합니다.

이렇게 큰창자 속에서 찌꺼기가 녹으면서 생긴 가스가 바로 방귀입니다.

방귀에는 탄산가스나 수소, 그리고 메탄 등이 포함되어 있다고 합니다.

이 가스 속에는 몸에 해로운 것도 들어 있습니다. 그러므로 큰창자에 오래도록 찌꺼기를 담아 두는 것은 몸에 해롭습니다. 매일 일정한 시간에 화장실을 가는 습관을 길러야 되겠습니다.

그러면 소화기의 첫 번째 입구인 입 속의 혀는 무슨 일을 할까요?

음식물을 입에 넣으면 곧 혀가 활동을 하게 됩니다.

우선 혀는 음식물을 이빨 사이로 운반하여 씹기에 편리하도록 일해 줍니다.

이빨이 음식물을 씹고 있는 동안, 혀는 이 일을 계속합니다.

음식물이 침과 잘 섞여서 공과 같은 모양으로 되면 혀는 그 음식물을 입 안쪽으로 운반해 갑니다.

이렇게 혀의 활동으로 음식물은 뱃속으로 운반되는 것입

니다.
혀가 하는 일은 이 것뿐이 아닙니다.
혀는 음식의 맛을 느끼는 기관을 갖추고 있습니다.

음식물의 일부가 입 속으로 들어가게 되어 침에 녹으면, 그것은 혀의 기관을 자극하게 됩니다. 그러면 맛을 느끼게 됩니다.

혓바닥에는 작은 돌기 모양을 한 자그마한 알갱이가 많이 돋아 있습니다.

감각기라고 하는 것은 빛을 느낀다든지, 소리, 냄새 따위를 느껴서 뇌에 알리는 작용을 하는 기관을 말합니다. 즉, 눈, 귀, 코 등이 곧 감각기입니다.

미각에는 뇌에서부터 많은 신경이 와 있습니다. 그래서 미각에서 느낀 맛을 재빨리 뇌에 알려 줍니다.

혀에 있는 미각에는 맛을 느끼는 부분이 각기 다릅니다.

혀의 가장 안쪽에 있는 미각은 쓴맛을 느끼고, 그 바로 앞에 있는 미각은 짠맛을 느낍니다. 혀의 양 가장자리 쪽에는 신맛을 느끼는 미각이 있고, 단맛은 혀끝에 있는 미각 작용으로 느낄 수 있는 것입니다.

신 것이나 쓴 것을 먹으면 그 담당 부분의 미각에 있는 신경이 그 맛을 뇌에 알립니다.

그러면 뇌에서 침을 내는 곳에다 침을 내도록 명령합니다. 따라서 혀 옆에 있는 침샘으로부터 침이 나오게 됩니다.

침을 내서 신맛이나 쓴맛을 묽게 하자는 작용이지요.

침샘에는 귀밑샘과 혀밑샘 그리고 턱밑샘의 세 가지가 있습니다.

이 가운데에서 귀 아래 쪽에 있는 귀밑샘이 가장 커서 많은 침을 내보냅니다. 이 샘은 양쪽 귀 밑에 한 개씩 있습니다.

다음으로 큰 것은 턱 밑에 자리잡고 있는 턱밑샘입니다. 이것도 한 쌍이 있습니다. 그리고 혀 밑에 있는 혀밑샘이 가장 작아서 조금 밖에 침을 내지 않습니다.

이와 같이 침은 늘 나와서 우리가 음식을 먹을 때 단단한 것을 씹어서 삼키기 쉽게 만듭니다. 또 소화가 잘 되게 하고, 입과 목 안이 늘 마르지 않게 해서 혀를 마음대로 놀릴 수 있게 합니다.

그러면 혀는 입 속에 들어오는 여러 가지 맛을 구별하여 그것을 먹어도 좋은가 아닌가를 구별하는 구실을 하는 것입니다.

음식의 맛과 냄새는 서로 깊은 관계가 있습니다.

그렇기 때문에 우리들이 감기에 걸리게 되면 음식의 냄새를 느끼지 못하게 되며 맛의 감각도 둔해집니다.

맛의 감각을 잘 느끼는 동물은 사람뿐입니다.

다른 동물은 냄새는 재빨리 느끼지만 맛은 잘 느끼지 못하는 것이 많다고 합니다.

우리의 또 하나의 감각기에는 듣는 기능을 하는 귀가 있습니다.

그러면 귀는 어떻게 해서 소리를 들을 수 있는 것일까요?

## 소리를 듣는 귀의 구조

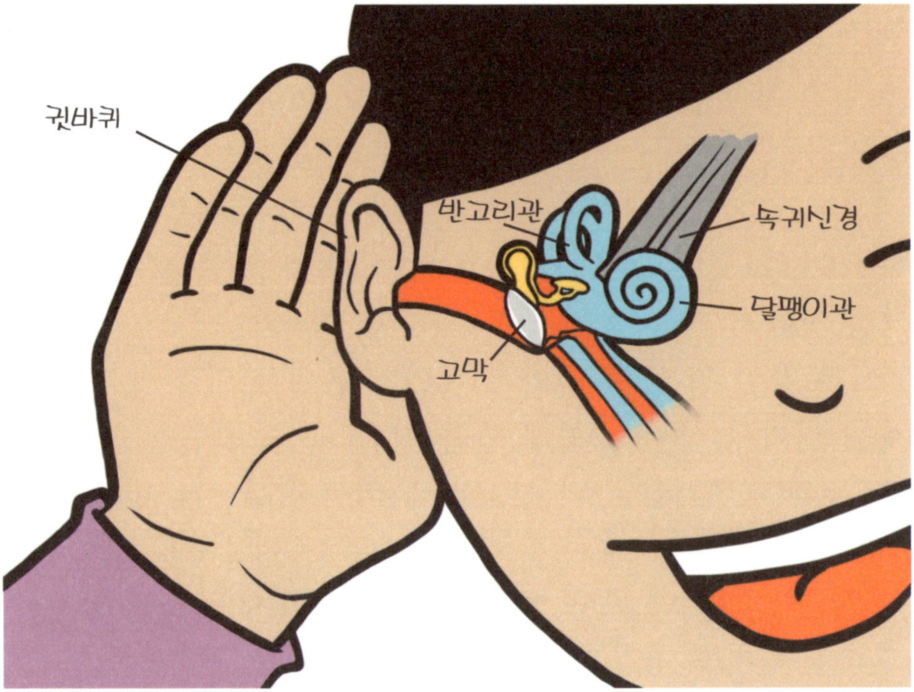


왜 코나 입은 소리를 듣지 못하고 귀만이 소리를 듣는 것일까요?

우리들이 보통 귀라고 하는 것은 겉으로 보이는 귓바퀴를 말하는 것입니다.

그러나 귓바퀴는 밖의 소리를 모아서 귓구멍 속으로 소리를 전해 주는 구실을 할 뿐이고 진짜로 소리를 듣는 부분은 귓구멍 속에 있습니다.

소리라는 것은 공기가 진동하는 것인데, 이 진동음이 우리의 귀에까지 전해오면 귓바퀴는 이것을 모아서 귓구멍 속으로 전해 줍니다.

그런데 귓구멍 속으로 약 2~3센티미터 가량 들어가면 거기에는 귀청이라는 얇은 막이 가로막고 있습니다.

그래서 큰 소리가 들리면 사람들은 귀청 떨어지겠다 하고 말하는 것이지요.

귀청은 그 두께가 약 1밀리미터 가량 되는데, 진동하는 공기가 여기에 와서 닿게 되면 이 막도 떨게 됩니다.

귀청 안에는, 귀청과 이어진 세 개의 물렁뼈가 차례로 이어져 있어서 귀청이 떠는 것을 이어받아 속귀로 전해 줍니다.

이 작은 물렁뼈는 더 안에 있는 속귀의 달팽이처럼 생긴 관에 이어져 있습니다. 그리하여 다음에는 달팽이 모양을 한 관 속의 액을 떨게 합니다.

이 달팽이처럼 생긴 대롱을 '세반고리관'이라고 하는데 세반고리관 속에는 울림통이 약 2600개 정도 들어 있습니다.

마치 피아노 줄같이 긴 것에서부터 점점 짧은 것으로 차례차례 들어 있는 것입니다.

그리하여 제 음의 높이와 같은 소리가 들어오면 그 울림통이 울려서 우리는 소리를 듣게 되고 어떤 소리인지 가려낼 수 있는 것입니다.

그러면 이 모든 감각 기관이 보내온 소식을 종합하여 명령하고 지시하는 곳은 어디일까요?

당연히 머리에 있는 뇌입니다.

## 뇌의 구조와 하는 일

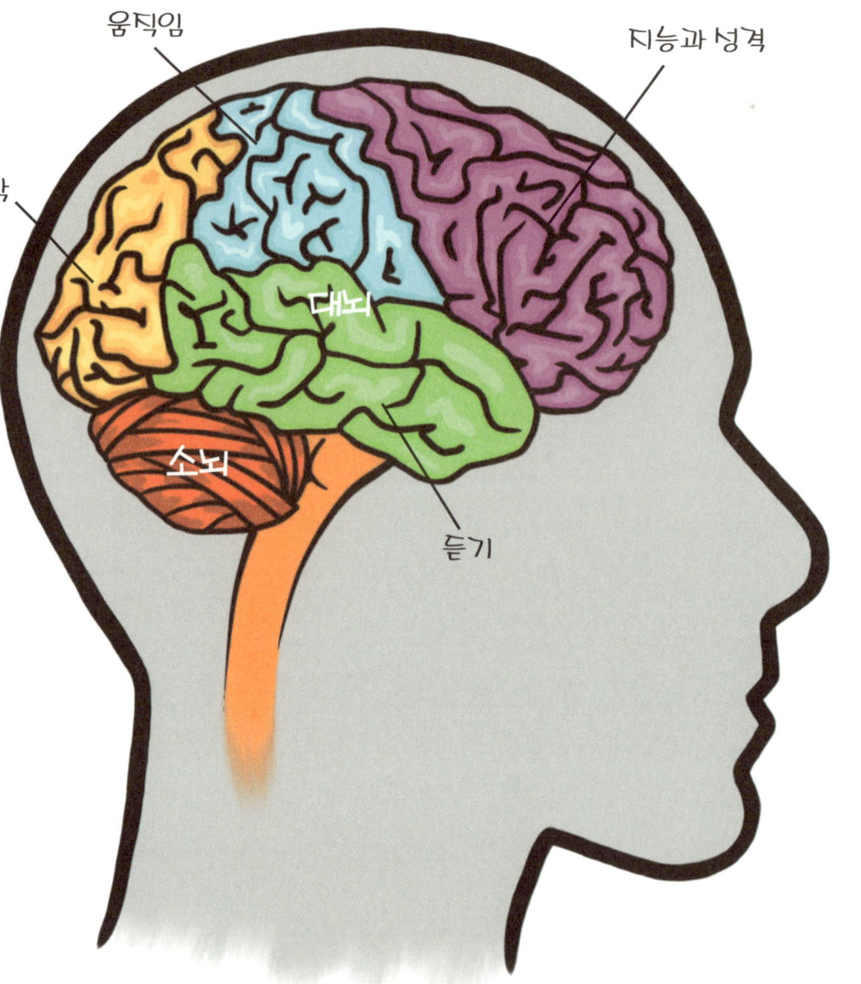


뇌는 우리 사람의 몸에서 가장 중요한 부분입니다.

머리 꼭대기에 있으며, 단단한 뼈로 둘러싸여 보호되고 있습니다.

뇌는 생각하고 기억할 줄 압니다.

그뿐아니라 손이나 발을 움직이도록 신경을 통해서 명령을 내립니다.

뇌가 어째서 생각하고, 기억하며, 느끼는 힘을 가지고 있는지는 아직 확실히 밝혀지지 않고 있습니다.

우리는 눈으로 물건을 볼 줄 알고, 귀로 들으며, 혀로 맛을 느낍니다.

추운 것, 따뜻한 것, 아픈 것 등은 살갗으로 느낄 수 있습니다.

그러나 이렇게 맛을 느끼거나 아픔을 느끼는 것 등도 그것을 신경이 똑바로 올라가 머리에 전하면 뇌에서 판단하여 맡게 되는 것입니다.

뇌에는 대뇌, 소뇌, 숨골 등 여러 종류가 있습니다.

뇌는 종류에 따라 하는 역할이 다릅니다. 무엇을 생각한다거나 기억한다거나 느끼거나 하는 일은 대뇌가 하는 역할입니다. 또한 영리한가 영리하지 못한가는 대뇌가 제 구실을 제대로 하느냐 못하느냐에 달렸다고 할 수 있습니다.

그렇다고 해서 대뇌가 클수록 영리하다고 할 수는 없습니다.

고래나 코끼리의 대뇌는 사람의 대뇌 보다 훨씬 크지만 사람보다 영리하지는 않으니까요.

또 같은 사람끼리도 대뇌가 작은 사람이 큰 사람보다 영리한 경우가 많습니다.

이 뇌는 우리가 자고 있을 때에도 활동을 계속합니다.

뇌는 자고 있을 때에도
활동을 합니다. 꿈을 꾸는게
대표적인 것 입니다.

그 활동의 하나가 꿈을 꾸는 것으로 나타납니다.

우리가 자고 있을 때 몸은 쉬고 있으나 마음은 완전히 쉬고 있지 않기 때문에 여러 가지 일을 머리 속에서 계속 생각하고 만들어 냅니다.

그것이 꿈이 되어 나타나는 것입니다.

꿈에는 정말 꿈인지 사실인지 구별할 수 없는 것에서부터, 전혀 실지로는 있을 수 없는 이상한 꿈, 무서운 꿈 등이 있습니다.

학자들은 오래 전부터 사람들이 어째서 이런 여러 가지 꿈을 꾸는가 하는 것에 대하여 연구해 왔지만 아직 확실하게 밝혀진 것은 없습니다.

어린이들의 꿈은 자기가 평소에 하고 싶었던 일이나 책에서 읽었던 일, 마음 속 깊이 느껴 남아 있던 일, 아주 무서웠던 일, 슬펐던 일 등이 꿈에 보이기도 합니다.

꿈은 또한 잠 잘 때의 몸의 상태에 따라 큰 영향이 있습니다. 건강 상태가 좋지 못하거나 숨 쉬기가 거북하거나, 몹시 무덥거나 춥거나 거북한 몸가짐으로 잠을 자게 되면 그에 따라서 꿈도 자연히 바뀌게 됩니다.

큰 소리나 시끄러운 소리도 그것을 중심으로 하여 꿈을 꾸게 됩니다.

예를 들면 덧문이 몹시 흔들릴 때의 꿈은 강도가 와서 문을 열려고 하는 꿈이 되거나, 이불이 무겁게 가슴을 누르면 강도가 가슴 위에 올라 앉은 꿈을 꾸게 되는 수도 있습니다.

건강 상태가 나쁠 때, 또는 몹시 피로했을 때, 웅크리고 불편하게 잠을 자게 되면 평소에 마음 한 구석에 남아 있었던 불안이나 무서웠던 일이 나쁜 꿈이나 무서운 꿈이 되어 나타납니다.

꿈은 아침에 일어나서 생각나는 꿈과 잠꼬대까지 하며 꿈을 꾸었어도 아침에 생각이 나지 않는 꿈이 있습니다.

이것은 뇌파의 작용 때문인데 여기에 대하여는 재미있는

연구가 있습니다.

우리의 머리 양 끝에 전기가 통하기 쉬운 철사를 대면 한쪽에서 다른 쪽으로 전류가 흐릅니다.

이 전류는 파도치며 흐르기 때문에 뇌파라고 부르는데 눈을 뜨고 있을 때는 알파, 베타라는 두 종류의 뇌파가 나오게 됩니다.

그러나 우리가 잠을 자게 되면 처음에는 알파파가 나오나 이것은 곧 사라지고 다음에는 세타파나 델타파가 나오기 시작합니다. 이 때 우리는 깊은 잠에 들게 됩니다.

그런데 처음의 알파파가 사라진 다음 곧 그 사람을 깨우면 그 사람은 잠에 취해 있으면서도 꿈을 꾸지 않았다고 합니다.

그러나 다음에 델타파가 나오기 전에 깨우면 꿈을 꾸었다고 하며 꿈 이야기를 합니다. 또 다음에 델타파가 나오기 시작한 다음 곧 깨우면 이번에는 꿈을 꾸었으나 어떤 꿈을 꾸었는지 생각이 나지 않는다고 합니다.

이처럼 뇌파의 상태에 따라 꿈을 기억하거나 기억하지 못하는 것입니다.

그 밖에도 우리의 몸과 마음, 정신의 작용은 아직 과학적으로 밝혀지지 않은 것도 많이 있습니다. 또한 그 힘은 매우 신비하고 무궁무진합니다.

우리는 항상 감사하는 마음으로 몸과 마음을 튼튼히 하여 건강하고 활기찬 생활을 해야 하겠습니다.

# 인체의 특징

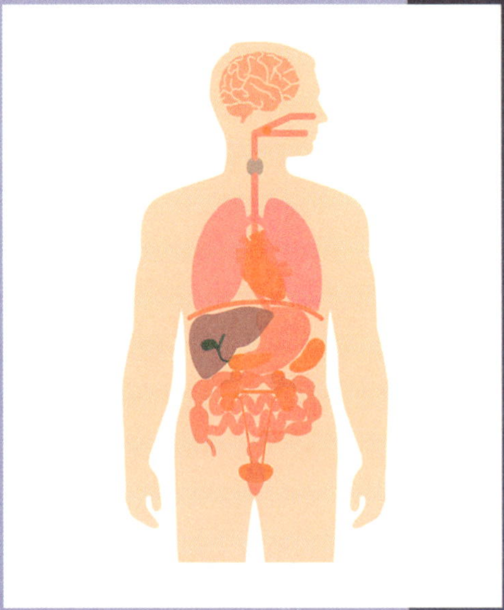

인체란 조직, 기관, 기관계로 조직된 인간의 신체적 구조를 일컫는 말이다. 인간의 몸은 살아 있는 세포와 세포외물질로 구성되어 있다. 세포는 인체의 기본 단위이며, 인체는 약 75조~100조 개 이상의 세포로 이루어져 있다. 세포는 세포외물질과 더불어 인체의 기본조직을 이루며, 조직은 기능적 단위를 형성하여 기관을 이룬다. 인체에는 이런 조직과 기관으로 이루어진 주요 기관계가 있다. 기관계란 상호관련성을 가지고 상호 협동 작용을 통해 통일된 기능계를 구성하는 기관의 계통을 말한다. 소화계, 호흡계, 순환계 등이 있다

신체를 구성하는 요소는 크게 세포와 세포외 물질, 조직, 기관, 기관계가 있다. 조직은 4가지로 구분된다. 상피조직, 결합조직, 근육조직, 신경조직이 조합되어 몇 개의 기관을 형성하고 이러한 기관이 모여 기관계를 구성한다. 상피조직은 몸의 외표면이나 소화관/혈관의 내표면을 덮고 있으며, 내부조직을 보호하고 흡수와 분비, 감각 등의 작용을 한다. 결합조직은 조직이나 기관의 사이를 채우고 결합항 지지하며 다량의 세포간물질을 포함한다. 근육조직은 가로무늬근과 민무늬근으로 구성되어 있다. 신경조직은 신경세포와 신경교로 이루어져 있다. 기관은 여러 가지 조직이 특정 기능을 하도록 통합된 구조를 형성한 구조를 말하며 위, 간, 폐, 심장, 장, 뇌 등이 있다.

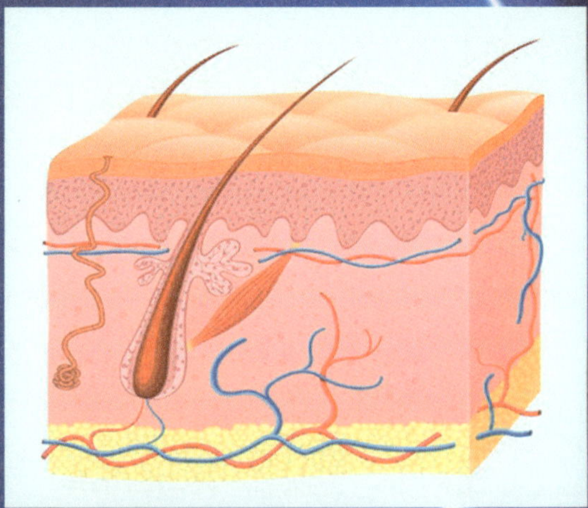

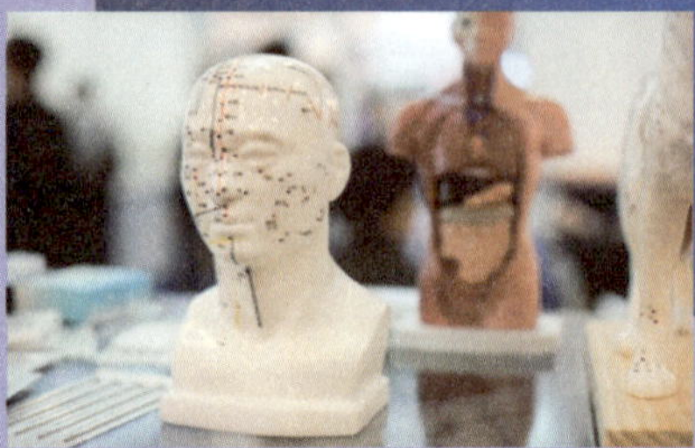

우리의 몸은 67% 이상이 물로 이루어져 있다. 우리의 몸을 구성하는 성분을 무게에 따라 나누어 보면 물 단백질 지방 탄수화물 순으로 나타난다. 탄수화물 지방 단백질은 모두 몸을 구성하는 성분과 에너지원으로 쓰인다. 탄수화물은 우리나라 사람들이 주로 먹는 밥이나 과일 등에 많이 포함되어 있다. 우리가 탄수화물을 많이 섭취하더라도 탄수화물은 몸의 구성 성분 중 약 1% 정도만 차지한다. 왜 그럴까? 탄수화물은 주로 에너지원으로 쓰이기 때문이다.

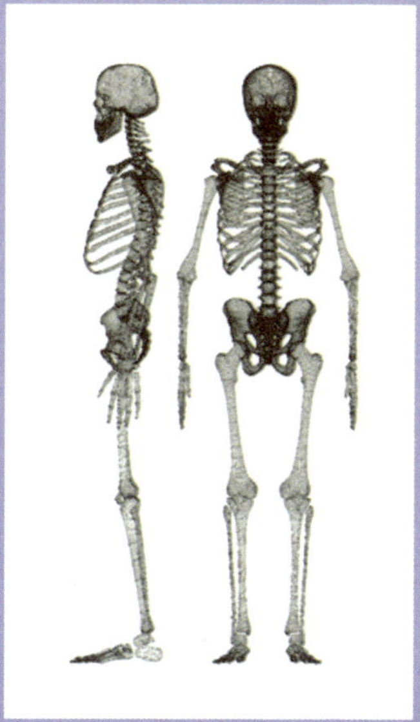

단백질은 에너지원으로 쓰이기보다는 주로 우리 몸의 구성 성분이 된다. 우리 몸의 세포막, 체내에서 화학 반응을 촉진시키는 효소, 생리 기능을 조절하는 호르몬, 항체 및 근육 등이 모두 단백질에서 만들어진다.

지방은 에너지원으로 쓰이거나, 피부 밑에 쌓여 우리 몸의 체온을 유지하는 데 쓰인다. 그런데 필요 이상의 양분을 섭취했을 때 여분의 양분은 주로 지방의 형태로 전환되어 저장된다.

비만인 사람은 이런 지방이 보통 사람보다 체내에 많이 쌓여 있다. 비만은 고혈압 심장병 뇌졸중 당뇨병 등 성인병의 원인이 된다. 대개 많이 먹고 잘 움직이지 않는 사람들이 비만 체형이 되기 쉬우므로 적게 먹고 많이 움직여야 비만을 예방할 수 있다.

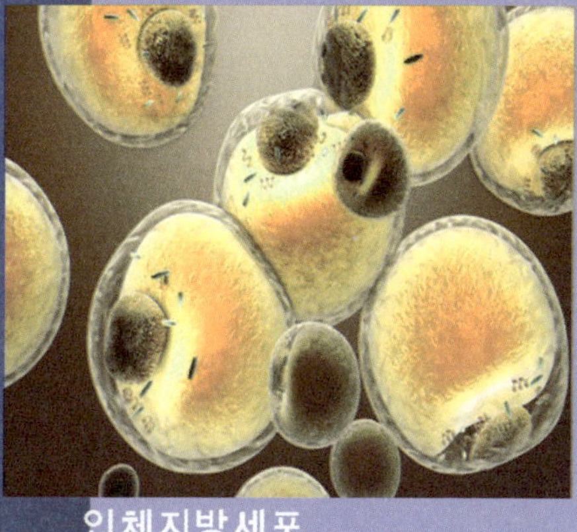

인체지방세포

# 새와 동물의 세계

## 새들의 비밀

도시 속에서도 푸른 하늘을 자유롭게 날아 다니는 새들을 많이 볼 수 있습니다.

여러분도 한번쯤은 '나도 저 새들처럼 날개가 달려서 하늘을 멋지게 날아보았으면…….' 하고 생각한 적이 있었을 것입니다.

그런데 우리와 친숙한 새 중에 잘 날지 못하는 새가 있습니다.

바로 닭입니다. 닭은 왜 잘 날지 못하는 것일까요? 닭도 분명히 새입니다. 그래서 원래는 다른 새들처럼 잘 날아다니도록 되어 있었습니다.

새가 하늘을 잘 날기에 알맞은 점을 살펴보면 다음과 같습니다.

첫째, 날개가 있다는 것입니다.

둘째, 몸이 공기 속을 잘 헤치고 나갈 수 있도록 유선형으로 생겼다는 것입니다.

셋째, 몸이 깃털로 싸여 있습니다. 그래서 그 깃털 속에 많은 공기를 품게 되기 때문에 몸이 가벼워집니다.

넷째, 뼛속이 비어 있습니다. 이것도 몸을 가볍게 하여 하늘을 날기 위한 것입니다.

다섯째, 창자가 짧다는 것입니다. 그래서 음식물을 먹으면 곧 대변으로 해서 몸 밖으로 내어 보냅니다.

여섯째, 오줌통이 없습니다. 새들의 오줌은 모두 대변에 섞여 나옵니다. 이것도 몸을 가볍게 하기 위해서입니다.

일곱째, 알을 낳는다는 것입니다. 새끼를 오래 배고 있으면 몸이 무겁기 때문입니다.

닭도 역시 새이기 때문에, 이런 조건들을 모두 갖추고 있습니다.

그러나, 오래 전부터 사람이 닭을 집에서 기르기 시작하면서부터는 별로 날아다닐 필요가 없어졌습니다. 그래서

닭은 날개의 힘살이 차차 약해져서 잘 날지 못하게 되었습니다.

하지만 지금도 산이나 들에서 사는 야생닭들은 아주 잘 날 수 있답니다.

그런데 닭은 왜 오줌을 누지 않는 것일까요? 닭만 그런 것이 아닙니다.

새들은 어느 새나 다 오줌을 누지 않습니다. 그렇지만 새들도 물을 마시고 물기 있는 먹이를 먹고 살기 때문에 오줌을 전혀 누지 않는다고는 할 수 없습니다.

우리가 그것을 잘 알 수 없는 까닭은 오줌을 대변과 함께 섞어서 내어 보내기 때문입니다.

그런데 닭을 잘 관찰해 보면 모래나 자갈 등을 먹는 것을 볼 수 있습니다.

닭은 왜 그런 것들을 먹는 것일까요?

닭들은 이가 없습니다. 그래서 쌀이나 보리알갱이 같은 먹이는 모두 그대로 통째 삼켜버리고 맙니다.

그러나 쌀알이나 보리알은 벌레나 채소 이파리 같은 것과 달라서 매우 단단하기 때문에 잘 소화가 되지 않습니다.

그렇지만 닭의 뱃속에는 매우 튼튼하고 질긴 모래주머니가 있습니다.

이 모래주머니에 닭이 쪼아먹은 모래나 자갈들이 들어있어서 이것으로 낟알을 잘게 부수는 것입니다. 이 모래주머니에서 잘게 부숴진 모이는 다른 밥통으로 보내져서 몸의 양분이 됩니다.

또한 모래주머니는 매우 튼튼하고 질겨서 모래나 자갈때문에 상하는 일이 없습니다. 그렇기 때문에 닭이 먹은 모래나 자갈들은 모래주머니 속에서 마치 우리들의 이와 같은 역할을 하여 닭의 소화작용을 도와 주는 것입니다.

그런데 닭은 물을 마실 때에 왜 고개를 들어 하늘을 쳐다볼까요?

그것은 닭이나 참새 같은 것들은 목이 길뿐만 아니라 삼키는 힘이 없기 때문입니다. 그래서 물을 마실 때는 물을 입에 넣고서 고개를 들어 물이 저절로 흘러내려 가도록 하기 위하여 그렇게 목을 길게 빼고 머리를 뒤로 젖히는 것입니다.

닭들은 밤이 되어 잠이 든 모습도 여간 신기한 모습이 아닙니다.

닭은 횃대라고 부르는 나뭇가지 위에 올라 앉아 잠이 드는 것입니다.

나뭇가지 위에서 잠을 자도 닭들이 바닥으로 떨어지지 않게 되는 것은 무엇 때문일까요?

우리들도 나뭇가지나 철봉대 위에 팔을 걸고 배를 댄 채 가만히 멈춰 있을 수는 있습니다. 그러나 잠을 자게 되면 우리들은 곧 떨어져 버리고 맙니다. 그런데 새들은 그렇지 않습니다. 그것은 떨어지지 않도록 다리 구조가 알맞게 생겼기 때문입니다.

닭이 나무에 앉아 다리를 꼬부리면 발가락이 저절로 굽혀져서 떨어지지 않게 되어 있습니다.

그러나 몸을 들고 다리를 펴면 발가락도 저절로 벌어져서 나뭇가지에서 떨어지게 됩니다.

그래서 닭들은 안전하게 잠을 자게 되는 것입니다. 이렇게 새들은 우리들과 자는 모습이 다릅니다.

이러한 새들 가운데는 사람의 목소리나 말을 그대로 흉내낼 줄 아는 새도 있습니다.

앵무새와 구관조입니다.

이 신기한 새들은 우리가 "바보!"하고 말하면 "바보!"하고 그대로 흉내내어 우리를 어리둥절하게 만듭니다.

이렇게 앵무새와 구관조가 사람의 말을 잘 흉내낼 수 있는 것은 그 새들이 다른 새들보다 혀와 입 안의 구조가 잘 발달되어 있기 때문입니다.

그러나 아무리 잘 흉내를 낸다고 하더라도 그 뜻은 전혀 모르고 하는 것입니다.

새들은 원래 어떤 새든지 어렸을 때 어미나, 같은 동료들의 소리를 흉내내어 우는 소리를 익힙니다.

그런데 앵무새와 구관조는 사람의 목소리나 말까지도 손

쉽게 외우는 머리를 가졌기 때문에 말을 잘 흉내내는 것이랍니다.

## 동물들의 비밀

한편, 사람의 말은 흉내내지 못하지만 사람의 행동은 잘 흉내내는 동물이 있습니다.

원숭이입니다.

동물원에 가서 보면 원숭이들이 사람들을 흉내내어 우리 어린이들을 즐겁게 해 줍니다. 바나나를 주면 받아서 껍질을 벗겨 먹습니다. 땅콩을 주어도 그냥 먹지 않고 꼭 껍질을 벗겨 먹습니다.

일본의 온천 지대에 사는 어느 야생원숭이는 겨울이 되어 몹시 추워지면 무리를 지어 온천물로 들어가 온천욕을 즐기는 원숭이들도 있다고 합니다.

원숭이들의 종류는 매우 많습니다. 생김새도 여러 가지 모양입니다.

그런데 대부분의 원숭이 종류들은 나무에 잘 오릅니다.

동물원에 가 본 어린이라면 원숭이가 나무를 타고 재빨리 오르내리는 모습을 보았을 것입니다.

원숭이는 나무만 이렇게 잘 타는 것이 아니라, 매달아 놓은 그네를 타려고 밧줄을 따라 오르내리는 솜씨도 매우 훌륭합니다.

그러면 어떻게 해서 원숭이는 그 큰 몸집을 가지고 나무 위를 그렇듯 가볍게 잘 뛰어 다닐 수 있는 것일까요?

동물의 몸은 모두 그 동물이 사는 환경에 알맞게 되어 있습니다.

원숭이는 나무의 열매를 따 먹기 때문에 나무를 잘 타도록 되어 있는 것입니다.

우리 사람들의 손은 물건을 집거나 여러 가지 일을 하기에 편리하도록 되어 있습니다. 그러나 발은 그렇지 못합니다. 다만 서거나 걷는 데에만 알맞게 되어 있습니다.

그렇지만 원숭이는 손이나 발이 모두 우리 사람의 손과 같이 되어 있습니다. 발바닥도 마치 손바닥 같은 모양을 하고 있으며 그러한 일을 합니다. 그러니까 4개의 손을 가진 셈이지요. 그래서 원숭이는 나뭇가지를 잘 잡고 뛰어다닐 수 있는 것입니다.

그런데 원숭이의 궁둥이가 빨간 것은 무슨 까닭일까요?

원숭이의 궁둥이는 빨간데, 그것은 적을 만났을 때, 그 빨간 엉덩이를 드러내 보여 무섭게 느끼게 하기 위한 방법의 하나입니다.

갑자기 눈앞에 빨간 궁둥이가 나타나면 적들은 놀라서 달아나기 마련입니다. 또한 같은 원숭이 무리끼리 자기를 뽐내기 위한 방법이 되기도 합니다.

그러면 원숭이의 궁둥이는 왜 빨간 것일까요?

그 이유는 원숭이의 궁둥이에는 털이 나 있지 않아서 붉

은 핏빛이 살갗 밖으로 그대로 내비쳐서 빨개 보이는 것입니다.

원숭이와 비슷한 종류로 침팬지와 고릴라가 있습니다. 그런데 동물원에서나 영화 속에서 고릴라를 보면 자신의 가슴을 쾅쾅 두드리는 모습을 볼 수 있답니다.

고릴라는 힘이 세기 때문에 매우 아플텐데 왜 자기의 가슴을 그렇게 치는 것일까요?

고릴라가 가슴을 치는 것도 자기의 뜻을 나타내는 하나의 방법입니다.

이런 때의 고릴라는 매우 화를 내고 있는 것으로, '나는 몹시 화가 났으니 가까이 다가오지 말라'는 뜻입니다.

고릴라는 화가 나면 그 밖에도 손바닥으로 땅을 치거나 발로 땅을 쾅쾅 밟습니다. 작은 나무들을 쑥쑥 잡아뽑을 때도 있습니다.

만일 우리 어린이들이 물건을 발로 찬다거나 나무를 잡아뽑으며 심술을 부리는 일이 있다면 이것은 고릴라의 행동이나 마찬가지의 행동이 되겠지요?

그렇지만 화가 나 있지 않을 때의 고릴라는 매우 점잖고 머리가 좋은 동물이랍니다.

그러나 아무리 머리가 좋더라도 사람의 4살 정도의 두뇌 수준 이상은 발달되지 않습니다.

그러면 동물 중에서 가장 큰 동물과 가장 작은 동물은 무엇일까요?

동물에는 알을 낳아 기르는 것과 새끼를 낳아서 젖을 먹여 기르는 것의 두 종류로 구별됩니다.

새끼를 낳아 젖을 먹여 기르는 동물을 포유 동물이라고 말합니다.

그러니까 날 때부터 그 생김새가 어미와 똑같은 것들이지요.

사람도 포유 동물 중의 하나라고 할 수 있습니다.

동물 가운데에서 가장 큰 동물은 흰수염고래입니다. 고래는 물고기인데 왜 동물이라고 하느냐고요?

고래는 물고기가 아닙니다. 생김새는 물고기 같지만 물고기처럼 아가미로 숨을 쉬는 것이 아니라 허파로 숨을 쉽니다. 또한, 물고기처럼 알을 낳지 않고 새끼를 낳아 젖을 먹여 키웁니다.

흰수염고래의 몸의 길이는 31미터나 되며 그 몸의 무게도 1억 2천만그램이나 됩니다.

그러면 반대로 포유 동물 중에서 가장 작은 것은 무엇일까요?

그것은 유럽과 북아프리카에 사는 난쟁이 사향쥐라는 것입니다.

이 난쟁이사향쥐의 몸의 길이는 꼬리를 빼고 나면 4센티미터 정도이며, 몸무게는 1그램밖에 되지 않습니다. 우리의 새끼손가락만한 정도의 크기입니다. 그러니까 난쟁이사향쥐가 1억 2천만 마리가 모여야만 흰수염고래 한 마리의 무게와 같아지는 셈입니다.

그러면 동물들 중에 가장 강한 동물의 왕은 무엇일까요?

사자입니다. 사자가 동물의 왕이라고 하는 것은 수컷 사자의 얼굴과 목에 훌륭한 갈기가 치렁치렁하게 나 있기 때문입니다.

적을 만나면 사자는 이 갈기들을 곤두세우는데, 다른 동물들은 이것을 보기만 해도 그만 기가 죽어버립니다.

사자가 갈기를 세우면 사자의 얼굴과 몸집이 굉장히 커 보이기 때문입니다. 뿐만 아니라 실제로 사자는 매우 힘이 셉니다.

사자는 팔 다리의 힘살이 발달해서 적을 잘 뒤쫓습니다. 또한 발톱이 매우 날카로워서 적의 목덜미를 할퀴기에 알맞습니다.

그렇다고 해서 어떤 동물이나 다 이긴다고 할 수는 없습니다. 큰 몸집을 한 코끼리나 날카로운 뿔을 가진 코뿔소 등과 싸운다면 질지도 모릅니다. 그래서 사자는 기린이나 얼룩말 같은 동물들만 노립니다.

그런데 이러한 먹이 사냥은 갈기가 훌륭하게 나 있는 수컷 사자가 하는 것이 아닙니다.

이런 먹이 사냥을 하는 것은 암사자입니다.

그러나 암사자가 먹이를 잡아 오면 이번에는 수사자가 제일 먼저 달려가 이 먹이를 먹습니다.

수사자가 배불리 먹고 나면 이번에는 새끼사자에게 먹이를 먹입니다. 그리고 암사자는 제일 나중에 찌꺼기 먹이를 먹습니다.

마치 우리들 어머니의 모습 같기도 하지요?

그러면 사자는 어떻게 새끼를 기를까요?

사자 새끼는 어두운 굴 속에서 태어난 엄마사자의 젖으로 자라납니다. 새끼사자는 난지 열흘 정도가 지나면 눈을 뜨는데, 눈을 뜨게 되면 새끼사자는 자꾸 굴 밖으로 기어 나가려고 합니다.

그럴때면 엄마사자는 새끼사자의 목덜미를 물어서 안으로 끌어들이고 나가지 못하도록 야단을 칩니다.

엄마사자의 보살핌 아래 3개월쯤 지나면 새끼사자들은 엄마가 물어다 준 동물의 뼈다귀를 서로 빼앗으려고 법석들을 핍니다. 그리고 점차 엄마사자의 가르침으로 먹이 사냥하는 법을 배우게 됩니다. 그래서 3살 정도가 되면 훌륭한 어른 사자가 되는 것입니다.

특이한 방법으로 새끼를 기르는 동물 중에는 캥거루가 있습니다.

캥거루는 엄마의 배에 달린 새끼주머니에 새끼캥거루를 담아서 키웁니다. 캥거루의 아빠나 엄마는 크고 튼튼한 뒷다리로 매우 잽싸게 뛰어다닙니다.

그렇기 때문에 새끼캥거루를 새끼주머니 속에 넣어 두는 것이 안전합니다.

또한 새끼캥거루는 엄마 뱃속에서 갓 나왔을 때는 우리 어린이들의 새끼손가락 크기의 정도밖에 되지 않습니다.

그렇기 때문에 엄마의 새끼주머니에서 보호 받아야만 합니다.

들이나 숲에는 먹이를 노리는 적들이 많이 있기 때문입니다.

새끼캥거루는 태어나자 마자 스스로의 힘으로 기어서 엄마 배에 달린 새끼주머니 속으로 들어갑니다.

그 새끼주머니 속에는 네 개의 젖꼭지가 있어서 언제나 안전하게 젖을 먹을 수 있습니다.

이렇게 엄마 뱃속에서 8개월쯤 지낸 새끼캥거루는 드디어 엄마캥거루와 같이 뛰어다닐 수 있게 됩니다.

그러면 새끼캥거루는 주머니 속에서 나와서 땅 위로 내려오게 되는 것입니다.

캥거루는 오스트레일리아라는 나라의 넓은 벌판에서 살고 있는 동물입니다. 그래서 다리가 매우 발달되었기 때문에 캥거루가 달릴 때에는 말을 타고 쫓아도 따를 수 없을 정도로 재빨리 뛰어다닌답니다.

자신의 새끼를 정성스럽게 돌보아 주는 동물로 코끼리를 빼놓을 수 없습니다.

엄마코끼리는 새끼코끼리를 잘 돌보아 줍니다.

코끼리도 우리들의 엄마처럼 가슴에 두 개의 젖이 있습니다. 엄마코끼리는 젖을 배불리 먹은 새끼코끼리를 코로 감아서 자신의 등에다 올려 놓아 업어줍니다. 또한 코끝으로 두들겨서 운동도 시킵니다.

시냇가에 데리고 가서 목욕도 시킵니다. 새끼코끼리는 목욕하는 것을 매우 좋아하기 때문입니다. 엄마코끼리는 날이 더우면 코로 물을 잔뜩 들이마셨다가 새끼코끼리의 등에다 내뿜어 시원하게 해 줍니다.

이와 같이 엄마코끼리는 새끼코끼리를 매우 귀여워 하며 늘 정성스럽게 돌봐 준답니다.

그런데, 새끼코끼리는 무엇으로 젖을 먹을까요? 엄마코끼리는 코로 무엇이든지 다 하는데 새끼코끼리도 코로 젖을 먹는 것은 아닐까요?

정답은 아닙니다.

새끼코끼리도 아기와 같이 입으로 젖을 빨아먹습니다. 코를 조금 옆으로 돌리고 엄마의 몸을 누르는 듯이 하여 입으로 쭉쭉 젖을 빨아먹는답니다.

우리와 가장 친근한 동물로는 개와 고양이가 있습니다.

집에서 키우는 개를 데리고 밖으로 나가보면 누구나 그 버릇을 보게 됩니다.

그것은 길을 가는 도중에 아무 데나 뒷다리를 번쩍 들고 오줌을 누는 버릇입니다.

그러나 이것은 오줌이 마렵다거나 버릇이 안 좋아서 그러는 것은 아닙니다. 자기 냄새를 그 장소에 풍겨서 그곳이 자신의 구역임을 표시하는 행동입니다.

냄새가 풍기면 다른 개들은 그 지역이 다른 개의 구역임을 알고 다른 곳으로 가버립니다.

그런데 이렇게 자신의 오줌으로 표시를 하는 것은 수컷 개뿐입니다. 암컷은 그러지 않습니다.

그래서 수컷 개는 친구 암컷 개에게 자기가 있는 곳을 알려 줍니다.

개는 코가 매우 발달되어 있습니다. 그래서 냄새를 매우 잘 맡습니다.

곳곳에서 오줌의 냄새를 잘 맡아서 그곳을 지나간 개가 어떠한 개인가를 구별하고 자신의 친구도 찾습니다.

또한 먼 길을 다닐 때에는 자신이 싸 놓은 오줌의 냄새를 맡고 자신의 집을 찾아오기도 합니다.

개는 낯선 개끼리 만나게 되면 서로 코를 대고 냄새를 맡아봅니다. 상대편 개가 어떤 개인지를 알아보려고 그러는 것입니다.

그런데 개의 코끝을 보면 항상 젖어 있는 것을 알 수 있습니다.

이것은 냄새를 잘 맡을 수 있고 건강하다는 증거입니다. 만일 병이 나게 되면 개는 몸에서 열이 생겨 코끝의 물기를 모두 증발시키기 때문에 바싹 마르게 됩니다.

그러므로 개의 코가 젖어 있다면 그 개가 건강하다는 좋은 증거랍니다.

한편, 개처럼 자신을 돌보아 주는 사람을 향해 고마워 하고 반가워 하는 동물도 없을 것입니다.

우리 어린이들이 학교에서 집으로 돌아오면 개는 몸을 이리저리 꼬기도 하고 꼬리를 옆으로 흔들기도 하면서 반가워서 어쩔 줄을 모릅니다.

그러면 개는 왜 꼬리를 양 옆으로 흔들어대는 것일까요?

그것은 개가 기쁘고 반갑다는 감정을 표시하는 행동입니

다.

개는 사람처럼 얼굴로 웃는 표정을 나타내지 못하기 때문에 몸 전체로 기쁨을 나타내는 것입니다.

꼬리를 흔들기도 하고, 주인에게 뛰어오르기도 하면서 자신의 기쁨을 주인에게 알리는 것이지요.

동물들은 사람처럼 입이나 목, 혀 등을 사용하여 말을 하지 못합니다. 그래서 다른 방법으로 기뻐하는 것과 슬퍼하는 것, 골을 내는 것 등 자신의 감정을 나타냅니다.

고양이가 목에서 골골 소리를 내는 것도 자기의 뜻을 나

타내는 방법의 하나입니다.

고양이는 기분이 좋을 때는 목에서 이상한 소리를 울립니다.

그것은 맛있는 먹이를 발견했거나 무슨 기쁜 일이 생겼다는 신호이지요.

고양이는 본래 낮엔 잠을 자고, 밤에만 나와 활동하던 야행성 동물이었습니다.

그래서 낮에는 잠을 자고 밤이면 슬슬 돌아다니며 쥐를 잡아먹거나 이웃 고양이와 놀기도 합니다.

우리 사람들은 밤에 자고 낮에는 열심히 활동합니다. 그러나 고양이는 우리와 반대로 밤에 더 많이 활동하는 야행성 동물입니다.

그러면 고양이는 캄캄한 밤중에도 어떻게 쥐를 찾아내고

또 잽싸게 잡을 수 있는 것일까요?

밝은 곳에서 고양이의 눈을 들여다보십시오. 눈 속에 있는 눈동자가 마치 실처럼 가늘게 되어 있을 것입니다. 그런데 밤이 되면 고양이의 눈동자는 크고 둥그렇게 열립니다. 그래서 아주 작은 빛이라도 눈으로 들어가게 되어 있습니다. 캄캄한 어둠 속에서 파랗게 빛나고 있는 고양이의 눈을 보면 무섭기까지 합니다.

이와 같이 고양이의 눈은 아주 작은 빛이라도 모을 수가 있으며, 그 모인 빛이 다시 눈으로 나오기 때문에 눈이 빛나 보이는 것이랍니다.

한편, 고양이에게는 눈의 역할을 도와 주는 것이 있습니다.

바로 수염입니다. 고양이는 입 둘레의 수염 덕분에 캄캄한 곳에서도 잘 걸어다닐 수 있습니다.

고양이의 수염은 언제나 움직이고 있습니다. 그래서 수염에 무엇이 닿게 되면 머리나 얼굴을 움직여서 그 닿은 물체를 살핀 다음에 그것을 피해서 갑니다.

고양이의 수염을 활짝 펼치면 그 수염의 길이는 그 고양이의 몸통의 지름과 같아집니다.

그래서 고양이는 구멍을 들어간다거나 좁은 공간을 빠져나가려 할 때에는 먼저 자신의 수염을 활짝 펼쳐서 그 구멍으로 빠져나갈 수 있는지를 미리 가늠해 보는 것입니다.

이처럼 고양이의 수염이 하는 역할은 매우 중요합니다.

# 동물들의 특징

### 정확한 안테나, 고양이 수염

고양이수염의 뿌리 부분에는 촉각을 감지하는 신경 세포가 있는데, 이것으로 공기의 움직임을 예민하게 느껴 주변 물체의 모습과 크기, 속도, 자신과의 거리를 정확하게 알아차릴 수 있다. 고양이는 눈을 가려도 수염만으로 장애물을 피해 갈 수 있지만, 수염이 잘리면 좁은 통로를 지나가거나 장애물을 피하는 데 어려움을 겪는다.

### 다람쥐의 볼주머니

다람쥐는 통나무나 바위 밑, 땅속 깊은 곳에 굴을 파서 둥지를 만들어 살고, 그 가까운 곳에 먹이 창고를 만든다. 나무를 타고 돌아다니다 열매나 씨앗 등을 발견하면 일단 볼주머니에 넣어서 안전한 창고로 운반한다. 도토리와 밤같이 볼주머니에 들어가기에 큰 열매는 이빨로 대충 잘라서 넣어 두며, 추운 날씨가 찾아오면 밖에 나오지 않고 굴속에서 저장해 둔 먹이를 먹으며 지낸다.

### 공으로 변신하는 세띠 아르마딜로

세띠 아르마딜로는 각질판으로 되어 있는 튼튼한 등딱지로 몸을 보호하고 있다. 단단한 껍데기는 하나로 되어 있는 것처럼 보이지만 어깨와 배 부분이 분리되어 있어서 몸을 잘 움직일 수 있다. 머리, 꼬리, 어깨, 엉덩이는 온통 등딱지로 무장하고 있는 반면 가슴과 배 부분은 보호할 것이 없다. 그래서 적이 나타나면 재빠르게 다리를 몸 안으로 끌어당기고 몸을 땅 위로 납작하게 붙인 다음 단단한 공으로 변신해서 가슴과 배를 보호한다.

#### 스컹크의 지독한 냄새 공격

스컹크가 적에게 하는 1차 경고는 검은색과 흰색의 무늬이다. 눈에 잘 띄는 무늬를 보고 알아서 피하라는 신호이다. 그런데도 적이 다가오면 2차 경고로 꼬리와 털을 세워서 몸을 크게 만들고, 발을 구른다. 그래도 통하지 않을 때 드디어 그 유명한 독가스 공격을 한다. 항문에 있는 두 개의 분비선에서 액체를 뿜어내는데, 이 액체는 냄새가 지독할 뿐만 아니라 피부를 화끈거리게 하고 순간적으로 눈을 멀게도 한다.

#### 뱀의 천적, 몽구스

몽구스가 좋아하는 먹이는 주로 곤충이나 도마뱀, 전갈 등이지만 큰 몽구스는 뱀도 잡아먹어서 뱀의 천적으로 불린다. 몽구스는 뱀독에도 끄떡없기 때문에, 뱀을 발견하면 재빠르게 주위를 돌아서 뱀을 지치게 한 다음 목을 세게 물어 죽인다. 인도에서 몽구스는 코브라 퇴치용으로도 이용된다.

#### 새끼 얼룩말의 뛰어난 달리기 능력

얼룩말은 초원에서 무리를 지어 산다. 다리가 길고 발굽이 좁은 얼룩말은, 발가락 끝을 이용하여 빠르게 달리는 초원의 달리기 선수로 불린다. 보통 우두머리 수컷이 암컷 몇 마리를 거느리고 새끼 얼룩말들과 함께 사는데, 이빨로 서로 털을 다듬어 주기도 하며 사이좋게 지낸다. 암컷은 임신한 지 300일에서 375일이 되면 한 마리의 새끼를 낳는데, 새끼는 태어난 지 한 시간 안에 똑바로 설 뿐만 아니라 빠르게 달릴 수도 있다.

# 곤충과 물고기의 세계

## 곤충들의 비밀

이 지구 위에 사는 동물 중에서 가장 많은 종류는 무엇일까요?

바로 곤충입니다.

곤충은 흔히 벌레라고도 부릅니다.

여름밤에 전등을 켜 놓고 있으면 어디에서 모여드는지 날벌레들이 수없이 모여드는 것을 볼 수 있습니다.

그 가운데에는 불안으로 들어와 스스로 불에 타 죽는 것도 있습니다.

날아와서 스스로 불 속으로 들어가는 나비를 부나비라고도 부릅니다.

타 죽는 것도 모르고 불 속으로 뛰어들기 때문에 그런 이름을 갖게 된 것이지요.

밤에 불을 보고 모이는 곤충에는 여러 종류가 있지만 대부분 나방 무리들이 있습니다. 그러나 나방들은 불이 좋아서 불로 뛰어드는 것은 아닙니다. 오히려 불을 싫어합니다.

그러나 왼쪽 눈과 오른쪽 눈에 비치는 빛의 밝기가 달라서 약한 빛을 받는 쪽 날개를 재빨리 치게 되어 자기도 모르는 사이에 불로 뛰어들어 가게 되는 것이랍니다.

여름철에 우리들을 가장 괴롭히는 것으로 모기를 들 수 있습니다.

모기는 우리들의 몸에 침을 꽂고 피를 빨아먹습니다. 또한 나쁜 병균을 묻혀다가 병에 걸리게도 합니다.

사람뿐이 아닙니다. 모기는 따뜻한 몸을 가진 동물이면 소, 말, 닭 등을 가리지 않고 날아 앉아서 피를 빨아먹습니다.

그러면 모든 모기들이 다 피를 빨아먹는 것일까요?

아닙니다.

암놈 모기만이 피를 빨아먹습니다. 그러면 어째서 암컷만 피를 빨아먹는 것일까요?

그것은 암놈 모기의 뱃속에 가지고 있는 알이 사람이나 동물의 붉은 피가 없이는 자라지 않기 때문입니다.

평소에 모기들은 나무나 풀의 진액을 먹고 사는데, 그것으로는 알의 양분이 부족합니다.

그래서 암놈 모기들은 자신들의 알을 키우기 위해서 피를 빨아먹는 것입니다.

무더운 여름철에 우리를 시원하게 해 주는 곤충도 있습니다.

시원스럽게 울어 대는 매미입니다.

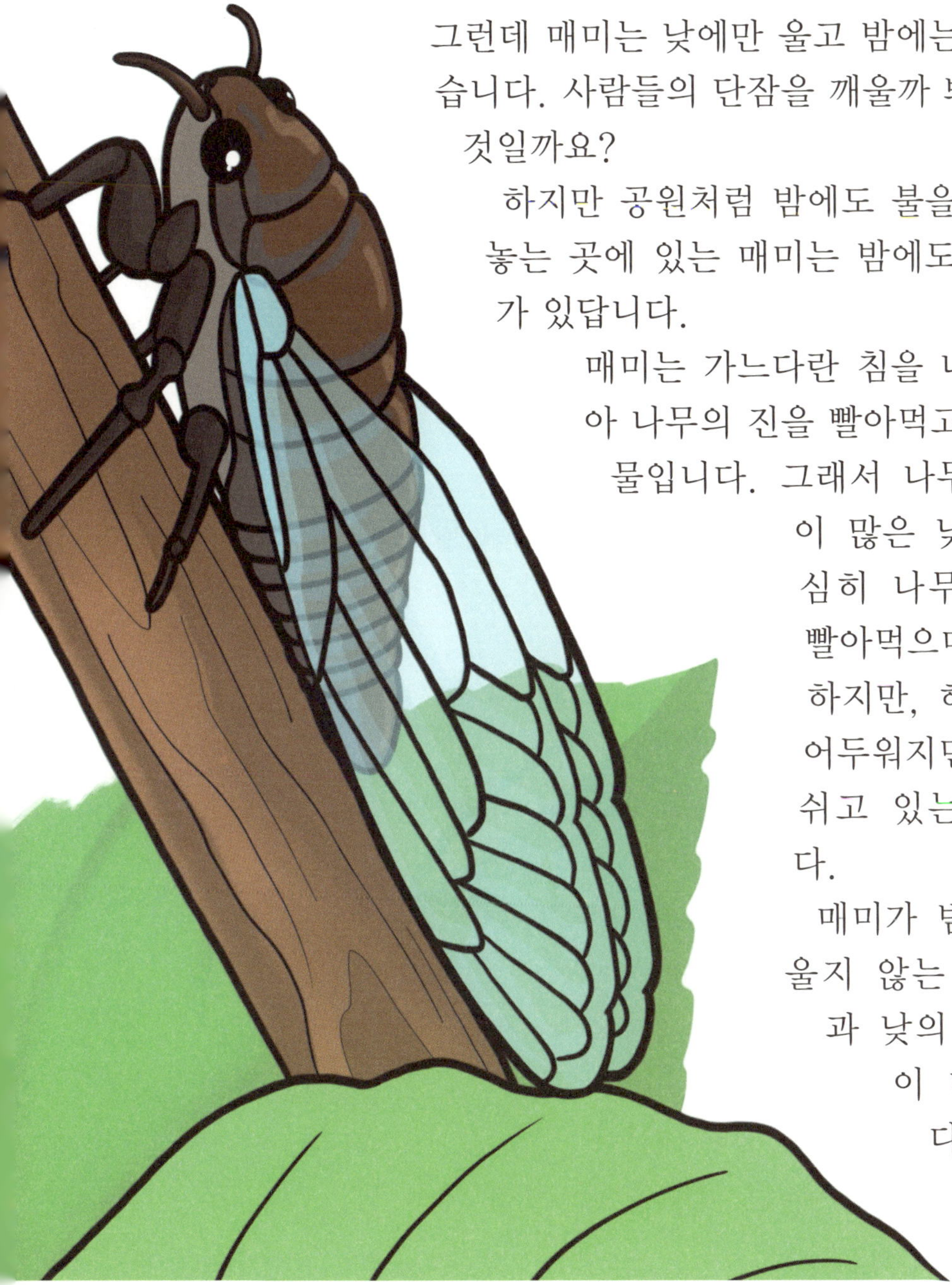

그런데 매미는 낮에만 울고 밤에는 울지 않습니다. 사람들의 단잠을 깨울까 봐 그러는 것일까요?

하지만 공원처럼 밤에도 불을 환히 켜 놓는 곳에 있는 매미는 밤에도 우는 수가 있답니다.

매미는 가느다란 침을 나무에 박아 나무의 진을 빨아먹고 사는 동물입니다. 그래서 나무에 양분이 많은 낮에는 열심히 나무의 진을 빨아먹으며 활동을 하지만, 해가 져서 어두워지면 가만히 쉬고 있는 것입니다.

매미가 밤이 되어 울지 않는 것은 밤과 낮의 온도 차이 때문입니다.

그런데 매미 중에서 우는 것은 수컷 매미뿐입니다.

수컷 매미는 큰 소리로 울면서 암컷을 부릅니다.

그러면 암컷은 이 소리를 듣고 수컷이 있는 곳으로 날아와 짝짓기를 합니다. 그렇기 때문에 암컷은 소리내어 울 필요가 없는 것이지요.

우리는 이 울지 못하는 암컷 매미를 보고 벙어리매미라고 하는 것입니다.

그런데, 매미의 입은 왜 나무줄기에 꽂아도 부러지지 않을까요?

매미를 잡아서 그 입을 보면 도무지 그 약한 대롱 모양의 입을 딱딱한 나무에 꽂을 수 있을 것 같아 보이지 않습니다.

그러나 매미는 그 입을 나무에 잘 꽂습니다. 만일 꽂지 못한다면 매미는 모두 굶어 죽을 것입니다.

매미는 그 약한 입을 어떻게 해서 나무 줄기에 꽂을 수 있는 것일까요?

그것은 매미가 입을 똑바로 세워서 천천히 나무를 찌르기 때문에 가능한 것이랍니다.

한편 매미와는 반대로 밤에만 우는 곤충이 있습니다.

방울벌레입니다.

방울벌레는 습기가 많고 어두운 곳을 좋아합니다.

낮과 같이 밝은 때는 어두운 굴 속에 숨어 밤이 오기를 기다립니다.

너무 밝고 햇볕이 잘 드는 곳에 있으면 날개가 마르게 되어, 그 날개를 비비면 소리는커녕 날개마저 부서져 못 쓰게 되기 때문이지요.

그렇기 때문에 방울벌레는 어둡고 습기가 많은 밤이 오면 기분이 좋아져서 굴 속에서 나오게 됩니다.

방울벌레는 낮이라도 어둡고 습기가 알맞은 곳에서는 소리를 냅니다. 하지만 우는 것은 모두 수컷 방울벌레뿐입니다.

그러면 가장 부지런한 곤충으로는 무엇이 있을까요?

꿀벌과 개미일 것입니다. 그렇기 때문에, 게으른 자는 개미에게 가서 배우라는 말도 있지 않습니까?

개미는 흙 속에 구멍을 파고, 그 속에서 여왕개미를 중심으로 하여 질서있는 사회 생활을 하고 있습니다.

그러면 개미의 집은 어떻게 생겼을까요?

개미의 집은 여러 개의 작은 방으로 나뉘어 있습니다. 여왕개미의 방, 일벌레를 두는 방, 애벌레를 두는 방, 알을 모아 두는 방, 일개미가 사는 방이 각기 다르답니다.

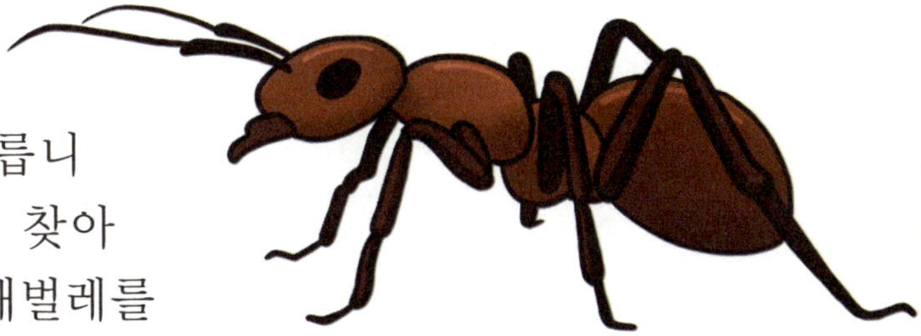

하는 일도 각기 다릅니다. 일개미는 먹이를 찾아오고, 알을 지키며, 애벌레를 돌보는 일을 합니다.

여왕 개미는 결혼하여 알을 낳는 일만 합니다.

병정개미는 집을 적으로부터 지키거나 쳐들어 온 적과 싸우는 일을 합니다.

그런데 개미는 먹이를 가지러가거나 먹이를 물고 올 때면, 반드시 한 줄로 나란히 줄을 서서 오는 것을 볼 수 있

습니다.

그것은 발견한 먹이를 각자가 제멋대로 갖고 가는 것보다 모두 모여서 줄을 지여 옮기게 되면 힘이 적게 들기 때문입니다.

그리고 또 하나의 이유가 있습니다.

개미는 걸으면서 엉덩이에서 '펠로몬'이라는 액체를 땅에 흘립니다.

이것은 매우 독특한 냄새가 나기 때문에 개미들이 한 번 간 길을 다시 가거나 되돌아올 때에 이용합니다.

그래서 뒤에 가는 개미는 앞의 개미가 흘리고 간 펠로몬의 냄새를 따라 가는 것입니다. 그렇기 때문에 저절로 한 줄로 줄을 서서 가게 되는 것이지요.

한편, 또 한 가지 이유가 있습니다. 맨 앞에 가는 개미가 지도자라는 것입니다. 개미들은 이 지도자를 따라 길을 가기 때문에 저절로 줄을 짓게 되는 것이지요.

그런데 각자 흩어져다니던 개미가 길에서 만날 때가 있습니다. 그러면 개미들은 서로 더듬이를 맞대고 무슨 이야기라도 하는 것처럼 보입니다.

개미는 더듬이를 맞대고 무엇을 하는 것일까요?

이때는 대개 배고픈 한쪽 개미가 다른 한쪽 개미에게 먹이를 부탁하는 것일 때가 많습니다.

개미의 뱃속에는 먹은 음식을 넣어 두는 주머니가 있습니다.

그래서 배고픈 친구 개미가 더듬이로 두들기면 뱃속의 주머니에 넣어두었던 음식물을 꺼내서 입으로 먹여 줍니다.

이렇게 개미는 일을 하다가 배가 고파지면 길에서 만난 친구 개미에게서 먹이를 얻어 먹고 기운을 내어 또다시 부지런히 일을 하기 시작합니다.

배가 고프다고 집으로 달려가서 밥을 먹는 것이 아니라 그 시간조차도 아끼는 것이지요.

개미는 정말로 부지런한 곤충이지요?

## 물고기들의 비밀

깊은 바다에서 사는 물고기 가운데에는 우리가 생각지도 못했던 여러 가지 신기한 모양의 고기가 있습니다.

바닷속 200미터 이상의 깊이에서 살고 있는 고기를 심해어라고 부릅니다.

바닷속은 점점 깊어짐에 따라서 초록색이나 보라색의 어두운 빛깔로 변합니다. 1000미터를 넘으면 이제 더 이상 빛이 이르지 못하게 되므로 바닷속은 새까만 어둠으로 싸이게 됩니다. 또한 온도도 낮아집니다. 게다가 수압은 점점 늘어갑니다.

100미터의 깊이에서는 100기압이 되는데, 100기압이라고 하면, 대개 94킬로그램의 무게에 눌리는 것과 같습니다.

깊은 바다 밑은 이와 같이 모든 상태가 얕은 바다와는 전혀 다릅니다.

그러니까 심해에 살고 있는 고기가 이상한 모양을 하고 있는 것도 신기한 일만은 아닌 것입니다.

심해어는 대부분 작습니다. 그리고 뼈대나 힘살도 발달하지 못하여 매우 약합니다. 빛이 거의 없기 때문에 눈이 아예 없어진 물고기도 있지만 위로부터 오는 희미한 빛이나, 빛을 내는 발광기를 가진 물고기의 빛을 이용하기 위하여 망원경처럼 툭 튀어나온 눈을 가진 물고기도 있습니다.

낚시대 같이 기다란 자루 끝에 눈을 달고 있는 것도 있습니다.

한편 발광기를 가진 것도 많이 있습니다.

발광기는 어두운 곳에서 먹이를 찾기 위하여 반드시 필요한 것이기 때문입니다.

아귀의 무리에 속하는 초롱아귀라는 물고기는 머리 위에 초롱불과 같은 발광기를 내려뜨립니다. 그래서 그 빛을 보고 모여드는 작은 고기들을 잡아먹는 것입니다.

꽁무니 쪽에서 네온과 같은 빛을 내서, 그 빛을 보고 모여드는 다른 고기들을 잡아먹는 것도 있습니다. 그 고기들은 자기의 몸뚱이보다 큰 것까지 모조리 잡아먹습니다.

자기보다 몇 배나 큰 다른 고기를 집어삼키는 고기까지 있습니다.

그러면 그 고기는 배가 풍선처럼 부풀어 올라 어느 쪽이 먹혔는지 구별하기 어려울 정도의 괴상한 모양이 된답니다. 우리가 물고기를 볼 때 궁금한 것이 하나 있습니다.

물고기는 어떻게 물 속에서 숨을 쉴까 하는 것입니다.

그러나, 물고기는 우리들과 같이 코로 숨을 쉬어 허파 속에 들이마시는 것이 아닙니다.

물고기는 입으로 물을 마시고 아가미로 내보내는데, 이 사이에 물이 아가미 속을 지나게 됩니다.

아가미에는 이미 가는 핏줄이 많이 와 있습니다. 그곳에서 물이 아가미를 빠져나가는 동안에 물 속에 녹아 있는 산소가 핏줄 속의 피로 스며들어 가는 것입니다.

그리고 피 속의 탄산가스는 물에 녹아 몸 밖으로 나가게 됩니다.

숨을 쉰다는 것은 산소를 피 속에 집어 넣고 몸 안에 생긴 탄산가스를 밖으로 내보내는 것입니다.

물고기는 그것을 아가미로 하므로 물 속에 있어도 숨이 막히는 일이 없는 것입니다.

물론 물고기라고 모두 아가미로만 숨을 쉬는 것은 아닙니다.

미꾸라지는 아가미 외에 살갗이나 창자로도 숨을 쉽니다.

미꾸라지는 때때로 수면까지 올라와 머리를 잠시 내놓고 공기를 입으로 삼킨 후, 곧 거꾸로 항문에서 공기 방울을 내놓으며 가라앉습니다.

삼킨 공기가 창자를 지나는 동안 산소를 빨아들이고 탄

산가스가 항문으로 나오는 것입니다.

또 폐어라는 물고기는 부레가 허파같이 생겨 있어서 이것으로도 숨을 쉽니다.

아프리카의 폐어가 사는 곳에 가뭄이 계속되면 물이 말라버릴 때가 있습니다. 그러면 폐어는 진흙에 구멍을 파고 꼬리를 말아 진흙구멍 속으로 들어가서 부레로 숨을 쉽니다.

그리고 가뭄이 계속되어 아예 물이 말라버리면 이제는 살갗에서 끈적끈적한 액체가 나와 몸을 싸게 되어 다음 비가 올 때까지 잠을 자는 것입니다.

물고기도 냄새를 맡을 수 있다는 것을 여러분도 알고 있습니다.

그러나 물 속의 냄새라는 것은 도대체 어떤 것일까요?

우리들로서는 상상하기가 어렵습니다.

물 속의 냄새는 물 맛과 같은 것이나 아닐까 하는 생각도 듭니다.

그러나 학자들이 여러 가지 실험을 해 본 결과 물고기는 코로서 냄새를 맡고 있는 것을 확실히 알게 되었습니다.

물고기도 훌륭한 코를 가지고 있습니다.

콧구멍은 눈과 입 사이에 있는데, 물고기의 코는 육지의 동물처럼 숨 쉬는 것과는 다른 기능을 합니다.

콧구멍은 입이나 목구멍으로 뚫리지 않고 밖으로 벌려져 있습니다.

오른쪽, 왼쪽, 모두 물이 들어가는 코와 나오는 코가 두 개씩 구멍이 나 있는 셈입니다.

구멍 속에는 육지의 동물처럼 주름살이 있는데 이 주름

살이 많을수록 코가 그 역할을 잘 합니다.

물고기는 냄새로써 자기들 무리를 알아냅니다. 이것은 떼를 지어 다니는 물고기들에게 특히 중요한 일입니다.

물고기는 자기들의 무리를 해치려는 적이 가까이 오는 것도 냄새로써 알아냅니다.

그리고 같은 냄새라도 상처에서 나오는 냄새는 물고기들을 놀라게 합니다.

이렇게 물 속의 고기가 육지의 동물처럼 냄새로써 먹이뿐만 아니라, 같은 무리와 적을 구별한다는 것은 매우 재미있는 일이라 할 수 있지요?

그런데 물고기 중에는 몸에서 전기를 만들어 내는 것이 있습니다.

가오리, 전기장어 등이 그것입니다.

우리 사람들의 힘살에는 움츠러질 때는 약한 전기가 흐릅니다.

가오리는 눈 뒤의 양쪽에 있는 힘실로부터 변한 발전기가 달려 있습니다.

이 발전기는 힘살에서 생겨나는 전기를 더욱 강하게 하는 구실을 합니다.

가오리의 무리 중에는 70~80볼트의 전기를 내는 것도 있다고 합니다.

가장 강한 전기를 내는 물고기는 남아메리카의 아마존 강에서 사는 전기장어입니다.

이 전기장어는 몸뚱이의 5분의 4가 온통 발전기로 되어 있습니다. 그래서 650볼트에서 860볼트까지의 전기를 낸다고 합니다.

아메리카의 강이나 늪에 사는 전기메기도 전기를 내는 무리입니다. 이것은 발전기가 몸의 여기저기에 흩어져 있

습니다.

전기메기가 내는 전기는 400에서 450볼트라고 합니다.

검은도미라는 물고기도 신기한 물고기의 하나라고 할 수 있습니다.

동물은 태어날 때부터 수컷, 암컷으로 갈라지는 것이 원칙입니다.

그러나 검은도미의 경우는 매우 진기한 예를 보여준다고 할 수 있습니다.

검은도미의 암컷, 수컷은 겉의 생김새만을 보고는 구별할 수 없습니다.

그래서 알을 낳는 늦은 봄부터 초여름에 걸쳐서 배를 해부해 봐야 암컷, 수컷을 구별할 수 있습니다.

이러한 방법으로 조사한 결과, 검은도미의 절반 이상은 수컷이었다는 것입니다.

그러나 크게 자라난 뒤에는 수컷이 암컷으로 바뀐다는 사실을 알게 되었습니다.

이 조사 결과에 의하면 깃낳은 검은 노미의 새끼는 모두 다 수컷인데, 두 살, 세 살 나이를 먹으면서 점차로 알을 낳게끔 되는 암컷으로 변하는 것입니다.

몸뚱이는 하나이면서 암컷, 수컷의 두 가지 작용을 가진 것을 자웅동체라고 합니다.

그러나 세 살짜리 검은도미는 아직 알을 낳을 만한 나이가 되어 있지 않기 때문에 완전한 자웅동체라고 할 수는 없습니다.

그렇지만 검은 도미는 네 살이 되게 되면 수컷, 암컷, 수컷 암컷이 한 몸이 된 자웅동체 등 세 가지 형태로 나누어 집니다.

네 살짜리 암컷은 세 살 때 자웅동체였던 것이 그대로 암컷이 된 것입니다.

그리고 다섯 살 이상이 되면 자웅동체는 없어지고 완전히 암컷, 수컷으로만 나누어집니다.

정말 재미있는 물고기라고 할 수 있지요?

이 밖에도 물 속 깊이에는 더욱 신기하고 아름다우며 기묘한 물고기들이 많이 살고 있습니다.

# 곤충과 물고기의 특징

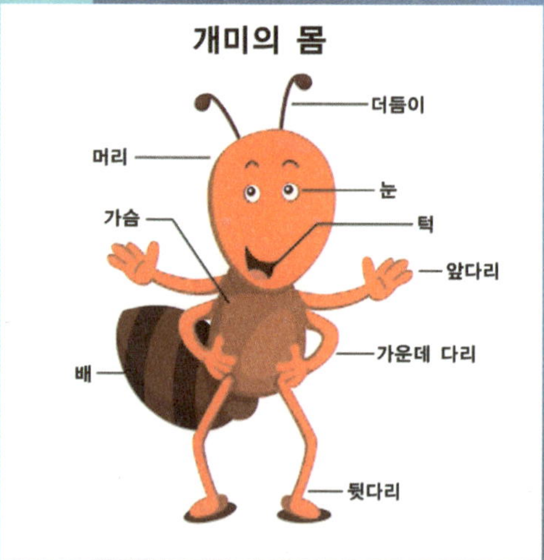


**곤충이란?**

곤충은 몸집이 작은 동물로, 척추가 없고 단단한 껍질인 외골격으로 몸을 보호하고 있다. 곤충의 몸은 머리, 가슴, 배의 세 부분으로 구분되고 있으며, 보통 여러 개의 마디로 된 다리가 3쌍 있고, 날개가 2쌍이 있다. 대부분의 곤충이 알, 애벌레, 번데기, 어른벌레의 과정을 겪는데, 이런 과정을 '변태(탈바꿈)'라고 한다. 어떤 곤충은 번데기 과정을 거치지 않고 알, 애벌레, 어른벌레의 과정을 겪어. 번데기 과정을 거치면 '완전 변태', 번데기 과정을 거치지 않으면 '불완전 변태'라고 한다.

(매미의 탈피 모습)

(뛰어난 건축가인 꿀벌)

**곤충의 뛰어난 감각**

곤충은 1쌍의 더듬이가 있다. 더듬이에 난 털은 매우 예민해서 많은 곤충들은 더듬이로 냄새를 맡거나 촉감을 느낀다. 그리고 많은 곤충이 2개의 겹눈과 3개의 홑눈이 있으며, 겹눈은 수천에서 수만 개의 낱눈으로 이루어져 있는데, 모자이크처럼 물체를 본다. 겹눈은 초점을 맞추는 기능이 없어 1m 이상 떨어진 물체는 흐릿하게 보인다고 한다. 대신에 물체의 움직임을 빨리 포착할 수 있고 색도 구별할 수 있다. 그리고 홑눈은 밝고 어두운 정도를 구분하는 역할을 한다.

물고기란?

물고기 또는 어류(魚類)는 척추동물아문에 속하는 동물군의 하나이다. 척추동물 중에서 네발동물은 제외된다. 대체적으로 물 속에 살며 아가미로 호흡하며 지느러미로 움직이고 몸 표면이 비늘로 덮여 있으며 냉혈동물로 주위 온도에 영향을 받는다.

물고기는 지구상의 여러 수생 환경에서 분포하며, 그 서식지는 열대지방에서 극권, 내륙의 담수 지역에서 해수 지역, 또한 해양의 표층에서 깊은 바다에까지 이르는 등 다양하다. 어류 전체의 종 수는 25,000~31,000 정도이며, 이는 척추동물 전체의 과반수 이상에 해당한다.

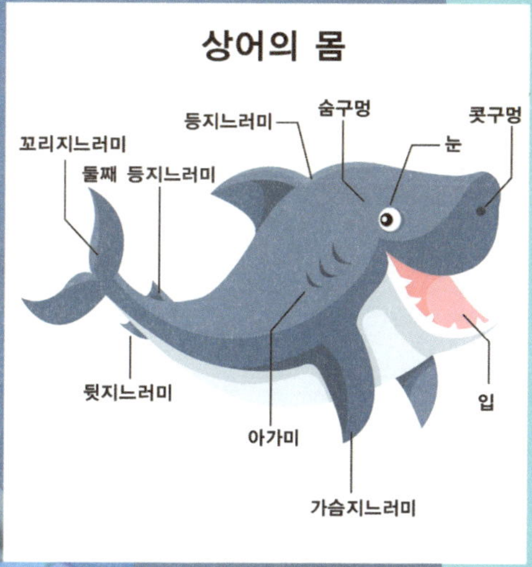

(열대어의 화려한 모습)

(독을가지고 있는 복어)

우리나라에서는 물고기를 생선이라고 불리기도 하는데 이는 보통 음식으로 분류된 이름이다. 상업적이고 자급자족을 하는 어부들은 생선을 야생에서 직접 잡든지, 아니면 호수나 바다의 우리에서 길러낸다. 오락으로 낚시광들에게 많이 잡히며, 물고기 애호가들은 잡아서 키우기도 한다. 여러 세기에 걸쳐 물고기는 문화적인 역할도 담당해 왔다. 신이나 종교적 기호로서 추앙 받기도 하였고 예술, 책, 영화의 주제로도 쓰였다.

# 식물의 세계

이 지구 위에 있는 생물 중에서 어떤 종류의 생물이 제일 오래 살까요?

그것은 바로 나무입니다.

북아메리카에 있는 세코이아라는 높이가 120미터나 되는 나무가 있습니다. 이 세코이아 나무는 오래 사는 것으로 유명한 나무입니다. 이 나무는 3천년 이상이나 살고 있는 것도 있습니다.

그러나 이 세코이아보다 더 오래 사는 나무도 있습니다.

아프리카의 북서쪽에 카나리아군도라고 하는 섬이 있는데 이 곳에 있는 용혈수라하는 나무 가운데는 6천년 이상이나 된 나무도 있었다고 합니다.

그러면 나무의 나이는 어떻게 알 수 있을까요?

나무의 나이는 그 나무의
나이테를 세어서 알 수 있습니다.
나이테는 1년에 한 개씩
늘어납니다.

나무의 나이는 그 나무의 나이테를 세어서 알 수 있습니다.

나이테란 나무 줄기를 가로로 베었을 때에 보이는 둥근 테로 이 테는 1년에 한 개씩 불어납니다.

이 테의 수를 헤아려서 나무의 나이를 알 수 있게 되는 것이지요.

사람을 제외한 동물 가운데서 가장 오래사는 것은 코끼리와 거북이입니다.

그러나 오래 산다고 해도 200년 정도인 것을 생각해 볼 때, 용혈수나 세코이아가 몇 천년을 사는 것에 비하면 비교도 되지 않는 것이지요.

그렇게 오래 사는 커다란 나무도 처음엔 아주 조그마한 씨앗에서 시작되었다고 생각하면 매우 신기한 생각이 들지요?

나무나 풀의 씨를 보게 되면 살아 있는 것처럼 보이지 않습니다.

그렇지만 씨도 우리처럼 살아 있는 생명체입니다.

씨를 쪼개 보면 그 속에는 커다란 나무나 아름다운 꽃이 피게 될 식물의 아기인 배아가 있는 것을 알 수 있습니다.

강낭콩의 씨앗을 쪼개 보면 그 속에는 한쌍의 노란 첫째 잎이 잠자고 있는 것을 볼 수 있습니다.

그리고 그 싹이 얼마 동안 자랄 때까지 먹여서 키울 양분도 함께 들어 있습니다.

식물이 씨를 만드는 것은 자손들을 많이 퍼뜨리기 위해서입니다.

그러나 식물은 움직이는 동물과 달라서 제 씨앗을 제 손으로 뿌릴 수도 없고 심을 수도 없습니다.

그러면 그 씨앗들은 누가 뿌리고 심어 주는 것일까요?

조그만 씨앗들은 바람에 날려서 멀리 날아가 뿌려지기도 하고, 또 빗물에 흘러가 먼 곳으로 가서 뿌려지기도 합니다.

그러면 바람에 날려 갈 수 없는 커다란 씨앗들은 누가 뿌려 주게 될까요?

이렇게 큰 씨앗들은 매우 지혜로운 방법을 사용합니다.

매우 향기롭고 맛있는 열매 속에 씨앗이 들어가 있는 것입니다.

그래서 새나 짐승들이 이것을 먹고 똥을 누면 그 속에 섞여 나와서 그 똥을 양분으로 삼아 자라는 것입니다.

또한 야자나무는 바닷가에 나는데 열매가 익어서 떨어지면 바닷물 위에 둥둥 떠서 흘러가다가 머나먼 섬에 가서 닿게 되면 거기서 싹을 내고 자라납니다.

그런데 식물의 씨가 땅에 묻혀서 싹이 터서 자라 오르려면 물이 있어야 합니다. 또한 공기가 있어야 하며 따뜻한 온도가 있어야 합니다.

만약 씨를 3미터 깊이의 땅 속에 심는다면 어떻게 될까요?

씨앗은 숨도 쉴 수 없으며 바깥의 따뜻한 햇빛도 쬘 수 없을 것입니다.

땅 속 깊은 곳에는 물기가 많이 있습니다. 그래서 씨앗은 썩어버리게 될 것입니다.

씨앗의 싹이 잘 트기 위해서는 공기, 온도, 습도가 알맞아야 하는 것입니다.

씨앗은 온도가 낮고 습기가 적은 곳에 잘 보관되면 여러 해가 지나도 그대로 살아 있게 됩니다.

외국에서는 2천 년 전의 유물인 통나무 배에서 발견한 연꽃 씨앗으로 싹을 틔워 아름다운 연꽃을 피운 것이 발표되었던 적도 있습니다.

## 꽃의 구조

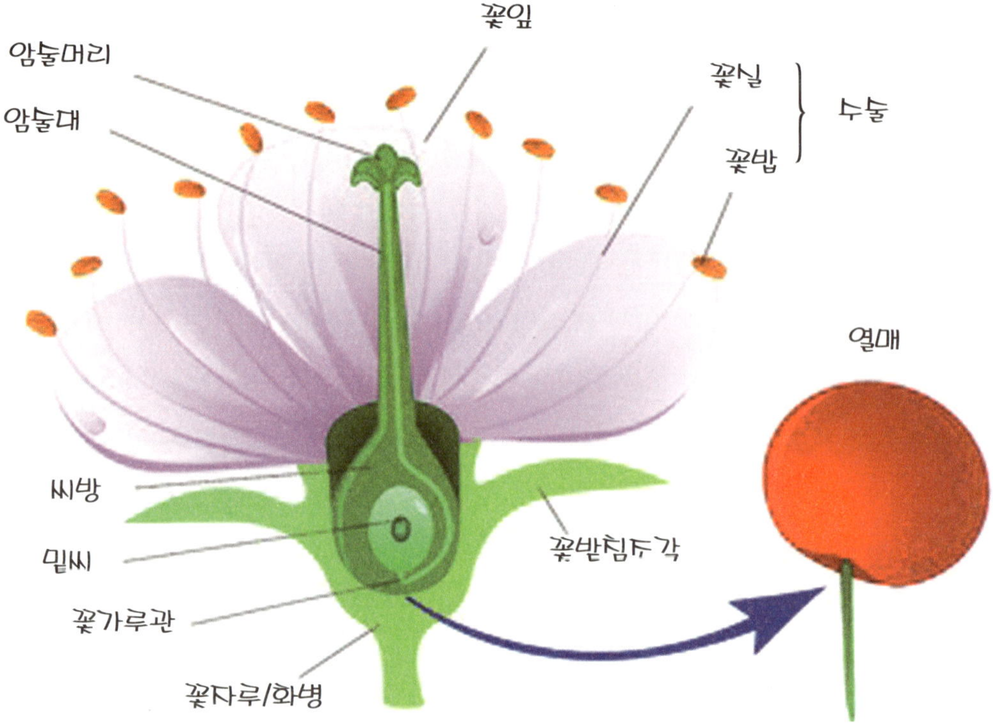


2천년이라는 긴 세월을 씨앗의 상태로 지냈는데도 싹이 트고 꽃이 피었다니 참으로 신기한 일이지요?

이것은 연꽃 씨앗이 갑옷과 같이 딱딱하고 좀처럼 썩지 않는 껍질로 싸여 잘 보호되고 있었기 때문에 오래 살아남을 수 있었을 것입니다.

30년쯤 지난 씨앗이 싹트는 콩 종류도 있습니다.

그러나 대부분의 식물들은 4년에서, 5년 정도가 지나면 모두 싹이 틀 힘을 아주 잃어버리게 됩니다.

그러면 씨앗이 들어 있는 식물의 열매인 과일은 어떻게 만들어지는 것일까요?

곤충이나 바람에 의하여 옮겨진 꽃가루가 암술머리에 묻으면 꽃가루관이라고 하는 가느다란 대롱이 나오게 되어 암술 속으로 계속 자라갑니다.

암술의 밑쪽에는 씨방이라고 하는 조그만 씨의 집이 있는데 그 속에는 밑씨가 이미 들어 있습니다.

밑씨란 씨앗의 근본이 되는 조그만 구슬같은 것입니다.

꽃가루관은 암술 속을 뚫고 씨방 속에 있는 밑씨 있는 데까지 계속 뻗어갑니다.

그러면 꽃가루 속에 있는 꽃받침이라는 조그만 알맹이가 꽃기루관을 타고 내려가서 밑씨 속으로 들어갑니다.

밑씨 속에도 역시 꽃받침이라고 하는 조그만 알맹이가 들어 있습니다.

꽃가루 알맹이와 밑씨의 알맹이는 그 속에서 하나로 합쳐지는데, 그 합쳐진 꽃받침에서는 어린 씨앗이 생겨나게 됩니다.

이렇게 하여 밑씨는 씨앗이 되어가는 것입니다.

씨앗이 되어 가는 데에 따라서 씨방도 점점 부풀어서 열매가 됩니다.

그래서 씨앗이 완전히 익어갈 무렵이 되면 열매도 맛있는 즙과 향기를 가득히 가지게 되고 아름답게 물들어 동물들이 먹어줄 것을 기다리는 것입니다.

그러나 이러한 맛있는 과일 중에는 씨앗이 없는 과일도 있습니다.

바나나, 파인애플 같은 씨가 없는 과일도 있습니다.

그러면 이러한 과일들에는 왜 씨가 없는 것일까요?

다른 식물들은 암술에 수술의 꽃가루가 묻으면 씨가 생기고 열매도 여뭅니다.

씨가 없는 과일들도 꽃도 피고 열매도 열립니다. 그러나 열매 속에는 씨앗이 생기지 않습니다.

이것은 바나나나 파인애플을 재배하는 동안 씨 없는 것을 발견하고, 그것을 뿌리나 줄기로서 계속 번식시켜 왔기 때문입니다.

바나나나 파인애플 등은 씨가 없으므로 씨를 뿌리는 대신 뿌리로 기르거나 접붙이를 해서 번식시킵니다.

이렇게 사람의 인공적인 노력에 의하여 품종이 변화된 것으로는 사과의 색깔을 들 수 있습니다.

사과에는 빨강, 노랑, 파랑 등 여러 가지 색깔의 종류가 있습니다.

그러나 원래의 사과 색깔은 초록색이 약간 섞인 빨강색 사과뿐이었습니다.

사람은 이 사과를 오랫동안 가꿔왔습니다.

그러는 동안에 가끔 모양이 특수한 것, 색깔이 특수한 것, 맛이 특수한 것이 열릴 때가 있었습니다.

이 특수한 사과 품종을 바탕으로 과학자들은 실험과 연

구를 거듭했습니다.

이런 일을 되풀이 하는 동안에 사과는 껍질의 빛깔이나 맛이 전혀 다른 여러 종류의 사과가 나오게 된 것입니다.

씨 없는 수박이 나오게 된 것도 이와 같은 사람들의 노력에 의해서입니다.

얼마 전에는 무늬 없는 수박도 만들어 냈습니다. 심지어는 노란색 수박도 만들어 냈습니다.

본래 수박은 모두 무늬가 있었습니다. 그 무늬는 수박의 짙은 녹색이 한데 몰려 그렇게 보이는 것입니다. 그러나 왜 몰리는지는 아직 그 이유가 밝혀지지 않았답니다.

모든 나무나 풀이 씨앗을 맺기 위해서는 우선 꽃이 피어야만 합니다.

꽃이 피는 것은 씨를 맺어 자손을 불려 가려고 하는 것입니다.

만일 나무나 풀이 씨를 맺지 못한다면 그 나무나 풀은 이 세상에서 사라지고 말게 될 것입니다.

그렇기 때문에 꽃은 자손을 퍼뜨리기 위해서도 꼭 필요한 것이라 하겠습니다. 봄이 되면 온갖 종류의 꽃들이 피어납니다. 그러면 나비와 꿀벌 들이 바쁜 듯이 이 꽃에서 저 꽃으로 옮겨가면서 꿀을 찾아다닙니다.

나비와 꿀벌은 달콤한 꿀을 모아가지고 제 집으로 각자 돌아갑니다.

그런데 이 꽃에서 저 꽃으로 날아다니는 동안에 털이 난 다리에는 꽃가루가 묻게 됩니다.

그 꽃가루가 묻은 발로 이 꽃에서 저 꽃으로 옮겨 다니는 동안 꽃은 꽃가루가 암술에 묻어서 가루받이가 되어 열매가 열리게 되는 것입니다.

이처럼 꽃과 곤충들은 매우 사이좋게 서로 도우며 지냅니다.

꽃은 달콤한 꿀을 꿀벌이나 나비에게 주고, 그 대신 꿀벌이나 나비들은 발에 묻은 그 꽃의 꽃가루를 암술에 묻혀서 식물들이 열매를 맺도록 해 줍니다.

그러니까 꿀은 꽃들이 벌이나 나비에게 주는 선물이라고 하겠습니다.

그러면 꽃의 향기는 어느 부분에서 나는 것일까요?

그것을 알기 위해서는 꽃들이 왜 그처럼 향기로운 냄새를 풍기고 있는가 하는 것부터 먼저 알아야 합니다.

꽃은 벌레들이 찾아와서 꽃가루를 묻혀 주지 않으면 자기 혼자의 힘으로는 씨를 만들지 못합니다.

그래서 꽃은 이 벌레를 부르기 위한 방법으로 향기로운 냄새를 풍기는 것입니다. 그런데 벌레마다 제각기 좋아하는 냄새가 다릅니다.

꽃들은 모두들 제가 부르고 싶은 벌레가 가장 좋아하는 냄새를 풍기고 있습니다.

그 가운데에는 우리가 아주 싫어하는 냄새를 풍기는 꽃들도 있습니다. 그렇지만 그 꽃이 부르려고 하는 벌레는 그 냄새를 가장 좋아하기 때문에 그런 냄새를 풍겨서 벌레를 부르는 것입니다.

이러한 냄새는 꽃의 가장 아래쪽 밑부분에서 납니다.

왜냐 하면 그래야 찾아온 벌레가 그 밑부분까지 냄새를 따라 들어가는 동안에 꽃가루를 잘 묻혀 주기 때문입니다.

그런데 꽃은 처음에 어떻게 해서 생겨났을까요?

이끼나 고사리 무리에서는 꽃 같은 것은 찾아볼 수 없습니다. 또한 소나무 같은 나무의 꽃은 그다지 아름답지도 않습니다.

그러면 장미나 국화와 같은 아름다운 꽃은 어떻게 해서 생겨났을까요?

고사리의 잎사귀를 뒤집어 보면 고동색 알맹이가 가득히

달려 있습니다.

이 알맹이를 손가락으로 튕기면 고동색의 가루가 연기처럼 일어납니다.

이 가루와 같은 것을 포자라고 하는데 고사리는 이 포자로써 번식합니다.

보통 고사리에는 포자가 되는 잎사귀와 포자가 되지 않는 잎사귀의 구별이 없습니다.

그러나 쇠뜨기 같은 포자가 되는 잎은 여느 잎과 아주 모양이 다른 것으로 되어 특별한 줄기에 달리게 됩니다.

뱀밥이 바로 그것입니다.

이 뱀밥과 같은 것이 꽃의 시초가 아닌가 생각하기도 합니다.

소나무꽃은 포자를 만드는 잎이 짧은 줄기 위에 가득 달린 것이라고 생각하면 될 것입니다. 그러나 소나무꽃은 포자를 달고 있는 잎만이 뭉친 것이어서, 아직 꽃이라고 할 수는 없습니다.

장미나 국화꽃은 포자를 다는 잎이 완전히 그 모양을 바꾸어서 암술이나 수술이 되었습니다.

그 암술이나 수술을 중심으로 하여 색깔있는 꽃잎이나 꽃받침들이 둘러싸서 아름다운 꽃을 만들게 되는 것입니다.

꽃잎이나 꽃받침도 잎이 변한 것입니다.

암술이나 수술이 본래 꽃잎이나 꽃받침과 같았다는 것은

겹꽃잎 꽃을 조사해 보면 알 수 있습니다.

겹꽃잎 꽃 가운데에는 반쯤 꽃잎으로 바꾸어져가는 수술이나 암술을 발견하게 되기 때문입니다.

소나무의 꽃가루는 곤충에 의해서가 아니라 바람의 힘에 의하여 흩어집니다. 그러나 바람의 힘만 믿을 수 없으므로

소나무는 많은 꽃가루를 만들지 않으면 안 됩니다.

아름다운 꽃잎이나 꿀을 가지고 있는 꽃에는 곤충들이 찾아와서 꽃가루를 이꽃에서 저꽃으로 날라다줍니다.

꽃가루를 나르는 데에는 바람보다 곤충 쪽이 역시 정확합니다.

그래서 곤충이 지구 위에 나타난 뒤부터는 아름다운 빛깔의 꽃잎이나 맛있는 꿀을 가진 꽃을 피우는 식물이 널리 퍼지게 된 것입니다.

그런데 풀이나 나무들은 대부분이 하나의 꽃에 수술과 암술을 함께 가지고 있는 것이 보통입니다. 그래서 수술의 꽃가루가 암술의 머리에 묻으면 열매가 열리는 것입니다.

그런데 수술을 가진 꽃만 피는 수나무와 암술을 가진 꽃만 피는 암나무가 따로 있는 나무가 있습니다.

그 중의 하나가 은행나무입니다.

▲ 은행나무 열매

은행나무의 열매는 은행알인데, 은행나무 중에는 이 은행알이 열리는 나무와 열리지 않는 나무가 있습니다.

이 은행알이 열리는 나무를 본 사람은 은행나무에도 꽃이 핀다고 생각합니다.

그러나 은행알이 열리지 않는 나무를 본 사람들은 은행나무에는 꽃이 피지 않는다고 생각하고 있습니다.

이것은 둘 다 잘못 생각한 것입니다.

어느 쪽 은행나무든 모두 꽃은 피는 것입니다.

그런데 은행나무는 수술을 가진 꽃만 피는 수나무와 암술을 가진 꽃만 피는 암나무가 따로 있습니다.

그러니까 수나무든 암나무든 모두 다 꽃은 피지만 열매는 암나무에만 열리게 되는 것입니다.

그런데 식물의 꽃들을 관찰해 보면 꽃이 피는 계절과 시간이 제각기 다른 것을 알 수 있습니다.

꽃은 봄에 피는 것, 여름에 피는 것, 가을에 피는 것 등이 대개 정해져 있습니다.

또한 하루 동안에 몇 시쯤 핀다는 것도 종류에 따라서 그 시간을 알 수 있습니다.

나팔꽃이나 연꽃은 아침 일찍 피었다가 낮이 되면 시들고 맙니다.

민들레나 튤립의 꽃은 낮에 피었다가 저녁때 시듭니다.

달맞이꽃은 저녁 때 피었다가 다음 날 아침이 되면 시듭니다.

이처럼 꽃이 피는 시간의 차이는 빛의 밝기, 온도 등에 따라 달라지게 됩니다.

민들레꽃은 아무리 꽃이 피는 온도를 잘 맞추어 주어도 햇볕을 받지 못하면 그만 오므라들고 맙니다.

어두운 곳에서는 꽃잎의 바깥쪽이 안쪽보다 더 빨리 자라나기 때문에 생기는 현상입니다.

달맞이꽃은 낮 동안은 꽃잎의 바깥쪽이 안쪽보다 빨리

▲ 민들레 꽃의 특징

자라기 때문에 꽃잎을 꼭 닫고 있게 됩니다.

그러나 저녁이 되어서 빛이 여리게 되면 꽃잎의 안쪽이 바깥쪽보다 빨리 자라기 시작하므로 꽃이 피게 되는 것입니다.

한편 서쪽 산에 해님이 가라 앉고 동쪽 숲위에 둥근 달님이 떠오를 때쯤 되면 조용히 활동하는 곤충들이 있습니다.

수풀 그늘 속에서 가만히 숨어 있던 나방들입니다. 나방은 나비나 꿀벌 대신 하늘을 날기 시작합니다.

나방들은 어둠 속에서도 뚜렷이 보이는 노란 달맞이꽃이나 밤메꽃을 찾아서 꿀을 빨며 이 꽃에서 저 꽃으로 꽃가루를 옮겨 주며 다닙니다.

그래서 밤에 피는 꽃들도 가루받이를 하게 되어 씨앗을 맺는 것이랍니다.

나뭇잎이나 풀잎에는 어떤 것에도 마치 실올같이 생긴 것이 있습니다.

그리고, 이것은 잎자루에 가까울수록 굵고 잎자루에서 멀어질수록 점점 가늘어집니다.

이것을 잎맥이라고 하는데 그 모양은 나무나 풀의 종류에 따라 다릅니다.

대나무 잎은 마치 옷감의 실올이 죽죽 나란히 짜여진 것 같이 생겼습니다.

은행나무 잎은 마치 부채살 같은 모양으로 죽죽 뻗어 있습니다.

그러면 잎맥은 무엇 때문에 잎마다 있는 것일까요?

잎맥은 뿌리에서 빨아올린 물과 양분이 지나가는 길이 됩니다. 또한 잎에서 만들어낸 녹말이 줄기, 열매, 뿌리 등으로 가는 길이 됩니다.

식물은 뿌리에서 물과 양분을 빨아들여 그것을 잎의 끝까지 보내 녹말을 만들도록 합니다. 또한 여기서 만들어진 녹말은 온몸으로 운반되어 식물이 자라는 데에 쓰입니다.

마치 사람의 핏줄과 같은 역할을 하는 것이지요.

나무들은 낮과 밤의 호흡 작용이 서로 다릅니다.

나무 잎사귀에는 숨구멍이라는 작은 구멍이 많이 뚫어져 있습니다. 그래서 이 숨구멍으로 공기나 수증기가 드나들게 됩니다.

그러면 숨구멍을 통하여 잎 속에 들어간 탄산가스는 잎파랑이라고 하는 녹색의 알맹이의 움직임으로 물과 맺어져 녹말이 됩니다.

이와 같은 작용을 '탄소동화 작용'이라고 합니다. 탄산가스와 물이 맺어져 녹말이 되는 데에는 햇빛이 아주 중요한 구실을 하므로 빛의 합성이라고도 합니다.

햇빛은 잎파랑이라는 녹색의 색깔에 의하여 물을 신소와 수소로 분해합니다.

그러면 수소는 탄산가스와 뭉쳐져서 녹말이 되지만, 산소는 기체가 되어 숨구멍을 통하여 밖으로 나가버리고 맙니다.

초록색 잎에 햇빛이 쬐이면 탄산가스는 계속 녹말로 변하여가기 때문에 식물은 계속해서 탄산가스를 열심히 빨아들이는 것이랍니다.

그리고 물을 분해할 때 만들어진 산소는 잎에서 내버려지는 셈이지요.

그러나 식물은 탄소동화 작용만 하는 것이 아닙니다.

식물도 동물과 같이 밤이나 낮이나 숨을 쉬고 있습니다.

숨을 쉰다는 것은 산소를 들이마시고 탄산가스를 내보내

## 식물의 탄소동화 작용

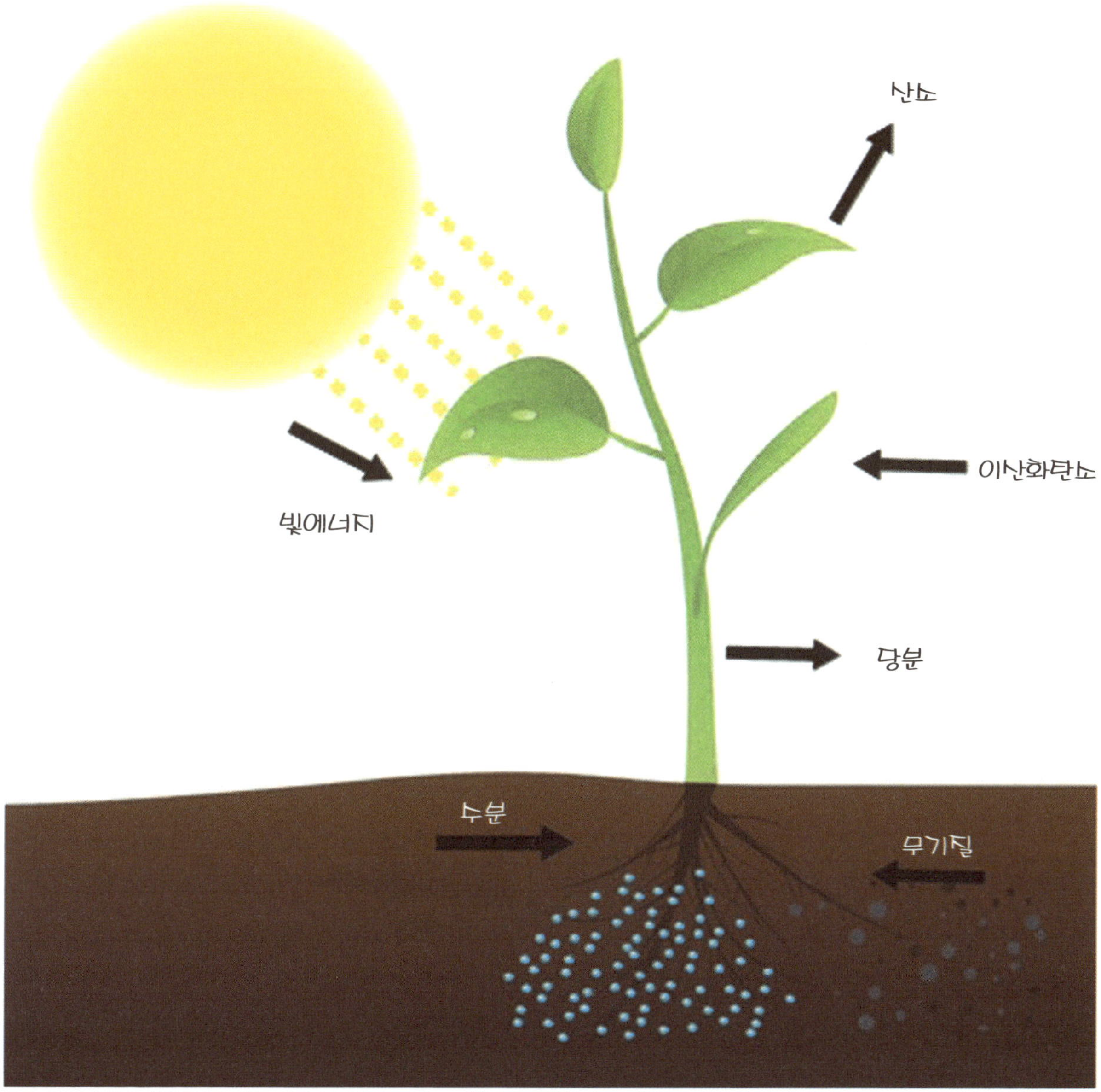

는 작용을 말합니다.

식물은 햇빛이 비치는 낮 동안에는 탄산가스를 빨아들이고 산소를 내보내는 탄소동화 작용과, 산소를 빨아들이고 탄산가스를 내보내는 호흡 작용을 겸하여 한다고 할 수 있습니다.

사실은 탄소동화 작용과 호흡과는 다른 작용입니다. 그렇기 때문에 두 가지 작용이 모두 필요한 것입니다.

그러나 낮 동안에는 탄소동화 작용이 호흡 작용 보다도 더 강하여 마치 탄산가스만을 빨아들이고 산소를 내보내는 작용만을 한다고 볼 수 있습니다.

하지만 이윽고 밤이 되면 식물은 햇빛이 없으므로 탄소동화 작용은 전혀 할 수 없게 됩니다.

그렇게 되면 식물은 자연히 산소를 빨아들이고 탄산가스를 내보내는 작용만을 하는 것이지요.

이러한 두 가지 작용은 식물의 나뭇잎에서 하게 됩니다.

그런데 나뭇잎들은 왜 가을이 되면 색깔이 변하는 것일까요?

가을이 되면 들이나 산에 있는 나뭇잎들은 빨갛게 단풍이 들거나 샛노랗게 되어 매우 아름다운 색깔로 변하는 것을 볼 수 있습니다.

이것은 여름 동안에 열심히 일하던 나뭇잎이 가을이 되어서 서늘해지면 일을 하지 않기 때문에 그렇게 되는 것입니다.

가을이 되면 잎이 붙어 있는 곳에 막이 생기게 됩니다.

이렇게 되면 물이나 양분이 잎으로 통하지 못하기 때문에 잎은 일을 할 수 없게 되는 것입니다.

그리고 잎이 만든 양분도 줄기나 가지 쪽으로 갈 수 없게 되어 그대로 잎에 괴어 있게 됩니다.

이렇게 되면 잎에서 열심히 양분을 만들고 있던 잎파랑이들도 모두 부서져버립니다.

그런데 이 잎파랑이야말로 여름 동안 잎을 푸르게 만들던 알갱이들입니다.

이 알갱이들이 부서지면서 잎 속에 남아있던 양분들과 결합해서 빨강, 노랑, 갈색 등의 아름다운 색깔로 변하는 것입니다.

그런데 이렇게 곱게 단풍이 든 나뭇잎은 왜 떨어지게 되는 것일까요?

나무나 풀들은 겨울이 오면 춥기 때문에 뿌리로부터 물이나 양분을 빨아올릴 힘이 약하게 됩니다.

그런데다가 나뭇잎에서는 수증기라고 하는 작은 물방울 같이 생긴 습기가 계속 빠져나와 공기 속으로 달아나게 됩니다.

그렇게 되면 나뭇잎에는 물기가 없어져 마침내 나무마저 말라버리게 됩니다. 그래서 나무들은 물기를 빼앗겨 목숨을 잃게 될까봐 미리 나뭇잎을 떼어놓게 됩니다.

이것이 바로 낙엽입니다.

겨울이 와서 땅이 얼게 되면 뿌리로부터 빨아올리는 물도 적게 되는데, 나뭇잎이 자꾸 물기를 빼앗아가면 죽게 될 것이므로 미리 막기 위한 나무들의 겨우살이 지혜인 것이지요.

그러면 솔잎이나 동백나무 잎들은 왜 겨울에도 떨어지지 않는 것일까요?

나무들 가운데는 잎이 단단하고 두껍거나 작은 것이 있습니다.

이런 나뭇잎을 가진 나무는 거의 나뭇잎으로부터 물기가 달아나지 않습니다.

그래서 줄기로부터 물기를 공급받지 않더라도 계속 붙어 있을 수 있습니다.

솔잎도 잎이 두껍고 빳빳하며, 짧은 나뭇잎을 가진 나무 종류의 하나입니다.

그렇기 때문에 줄기에서 물을 빨아올리지 못하는 겨울에

도 안심하고 나무에 붙어 있을 수 있는 것입니다.

잎이 적으면 물기를 조금밖에 내뿜지 않게 됩니다.

그래서 물기를 절약하기 위해 잎을 계속 줄여나가다 그만 잎이 가시로 변한 식물이 있습니다.

바로 선인장입니다.

선인장은 원래 사막에 사는 식물입니다.

보통 나무나 풀들이 나지 않는 메마른 사막에서도 선인장들은 끄덕없이 잘 살고 있습니다.

그러나 다른 나무들처럼 뿌리로부터 빨아 올린 물을 잎으로 내뿜는다면 선인장은 죽어 버릴 것입니다.

그래서 메마른 사막에서 살아나가기 위해 잎을 줄이고 줄이다 보니 잎이 바늘 같은 가시로 변한 것이랍니다.

그러면 장미꽃의 줄기에 있는 가시도 잎이 변해서 된 것일까요?

그렇지는 않습니다.

장미는 이 세상 모든 꽃 가운데에서 가장 아름다운 꽃입니다.

또 장미꽃은 그 모양이나 빛깔만 고운 것이 아니라 냄새도 무척 향기롭습니다.

만일 이렇게 아름답고 향기로운 장미꽃에 가시가 없다면 너도 나도 다투어 꺾어 갈 것입니다.

그렇게 되면 결국은 벌과 나비가 찾아오기 전에 씨도 맺지 못하고 말라 죽고 말 것입니다.

그래서 장미는 껍질의 일부를 변화시켜서 가시로 만들어 사람이 꺾거나 동물들이 먹어버리는 것을 막으려는 것입니다.

장미는 가시 덕분에 안전하게 꽃을 피우고 벌이나 나비를 불러들이게 되는 것입니다.

그러면 벌이나 나비가 없는 남극과 북극에도 식물이 자라고 있을까요?

북극에는 육지가 없으므로 흙에서 자라나는 식물이라고는 거의 없습니다.

그러나 얼음 위나 눈을 빨갛게 물들이는 식물, 즉 빨간눈말과 같은 작은 말을 볼 수 있습니다.

빨간눈말은 너무 작아서 현미경으로 보지 않으면 하나하나의 모양을 알 수 없습니다.

그러나 이것이 많이 불으면 눈을 빨갛게 물들입니다.

이 빨간눈말은 보통 식물로서는 도저히 견딜 수 없는 영하 40℃도나 되는 낮은 온도에서도 끄덕없이 자라납니다.

초록눈말도 빨간눈말과 비슷한 말로서 차가운 얼음이나 눈 위에서 자라나며, 눈을 초록색으로 물들입니다.

한편, 남극에는 육지가 있으므로 육지의 식물을 볼 수 있습니다.

남극도 아주 추운 곳이지만, 그래도 군데군데에 바위나 흙이 있어서 그 곳에 이끼와 같은 식물이 자라나고 있습니다.

남극 탐험대의 조사에 의하여 이끼뿐만 아니라 꽃이 피는 식물도 이미 발견하였다고 합니다.

남극에서도 석탄이 발견되고 있는 것으로 미루어 보아 남극도 옛날에는 지금보다 훨씬 더워서 많은 식물이 무성하게 자라났을 것이라고 합니다.

추운 곳이 아닌, 뜨거운 곳에서도 말이라는 식물이 자라는 일이 있습니다.

뜨거운 온천물의 온도는 60℃도에서 70℃도 정도입니다. 우리들이 들어갈 수 있는 목욕물은 45℃도 이상만 되

면 뜨거워서 들어갈 수 없습니다.

그런데 70℃도나 되는 뜨거운 온천물 속에서도 말이 살 수 있다는 것은 매우 신기한 것입니다.

# 꽃과 나무의 특징

지구상에는 40만 종 이상의 식물이 살고 있다고 한다. 식물이 동물과 다른 점은 무엇일까? 제일 큰 차이점은 먹이를 얻는 방법이다. 동물은 다른 생물을 먹이로 해서 살아가지만, 식물은 스스로 양분을 만든다. 식물은 뿌리를 통해 물과 양분을 섭취하고, 잎으로 햇빛을 받아 영양분도 만들고 산소도 만든다. 이렇게 만든 것을 자기도 먹고, 동물에게도 먹이로 제공해 이런 점이 동물과 구별되는 가장 큰 차이점이다.

동물은 다리나 날개가 있어 자유롭게 움직일 수 있지만, 식물은 뿌리가 땅속에 박혀 있어서 자유롭게 움직이지 못한다. 대신에 씨를 퍼뜨리는 방법을 다양하게 개발해서 여기 저기 자손을 퍼뜨린다. 식물은 한번 뿌리내리면 이동하기가 어렵기 때문에, 눈 덮인 산이나 건조한 사막 등 척박한 곳에서도 잘 자랄 수 있도록 여러 가지 방법으로 환경에 적응하여 살아가고 있다.

대개는 동물이 식물을 먹지만, 벌레나 작은 동물을 잡아먹는 식물도 있다. 이런 식물을 '식충 식물'이라고 한다. 파리지옥은 덫으로 벌레를 잡고, 벌레잡이통풀은 깊은 통 속으로 벌레를 유인해 잡는다. 이들도 다른 식물처럼 햇빛을 이용해 양분을 만들 수 있는데, 왜 굳이 벌레를 잡아먹을까? 식충 식물은 대부분 습한 곳에 살아서 흙 속에서 얻을 수 있는 양분이 부족하다. 그래서 곤충 등을 잡아먹어 부족한 양분을 보충하는 것이다.

식물은 뿌리, 줄기, 잎, 꽃 등 여러 부분으로 되어 있다. 식물의뿌리는 땅속에 있는데, 땅을 파 보면 아주 깊이 그리고 멀리까지 뿌리가 뻗은 모습을 볼 수 있다. 뿌리는 비바람에 식물이 쓰러지지 않도록 단단하게 지탱해 주는 역할을 한다. 그리고 흙 속의 물과 양분을 흡수하는 일을 한다. 고구마나 무와 같은 식물은 뿌리에 양분을 저장하기도 한다. '줄기'는 잎과 꽃이 달려 있는 부분인데, 줄기는 뿌리에서 흡수한 물과 양분을 잎으로 보내고, 또 잎에서 만들어진 양분을 다른 곳으로 보내는 역할을 한다.

'잎은 식물의 영양분을 만드는 곳인데, 영양분을 만들기 위해서는 물과 햇빛이 필요해. 햇빛을 잘 받기 위해서 잎은 대부분 편평한 모양을 하고 있다. '꽃'은 뿌리, 줄기, 잎과는 조금 다른 일을 하는데, 바로 자신을 닮은 자손을 남기는 일이다. 꽃이 지고 나면 그 자리에는 열매가 맺히고 이 열매 안에는 씨가 들어 있는데, 이듬해 땅에서 싹을 틔워 다시 식물로 자라나게 된다. 꽃을 피우고 씨를 만들고 나면, 풀은 그냥 시들어 죽는 경우가 많다. 하지만 여러 해를 사는 나무는 대개 낙엽을 떨어뜨리고 겨울눈으로 겨울을 나게 된다.

세계에서 가장 큰 나무는 미국 캘리포니아에있는 '자이언트 세쿼이아'라는 아메리카 삼나무이다. 높이는 27층 건물만 하고(보통 약 82.4m, 제일 큰 것은 약 112m), 줄기는 3차선 고속도로 너비만 한(약 30.79m) 이 거대한 나무는 '제너럴 셔먼'이라는 이름도 붙어 있다. 그리고 지금까지 알려진 가장 작은 나무는 우리나라에 있다. 바로 제주도 한라산 정상에 있는 바위에서 드물게 자라는 돌매화나무야. 보통 키가 3~5cm이고, 몇십 년을 자라도 10cm가 넘지 않는 아주 작은 나무이다.

도전 리틀과학자
인체와 동물의 비밀

2016. 2. 25 인쇄
2016. 3. 2 발행

글 대한과학진흥회
그림 위스뉴스키 피에르
펴낸이 신 주 황
펴낸곳 스완미디어
등록 제2-4534호
주소 서울시 중구 중림동 128-15 구본빌딩
홈페이지 www.dollplaybooks.com
대표전화 02) 393-0026
팩스 02) 312-8349

ISBN 978-89-92565-82-0
ISBN 978-89-92565-70-7 (SET)

값 9,800원
※ 잘못 만들어진 책은 구입하신 곳에서 바꾸어 드립니다